人を見抜く心理術

すべてお見通し、心のツボの見抜き方

多湖 輝

日本文芸社
パンドラ新書

日本文芸社

●まえがき――人の心に潜む真実を読み取ろう

人の心ほど身近にあり、つねに接していながら不可解なものはありません。

私も心理学者として長年、さまざまな人間心理の法則と言われるものに触れてきましたが、事実は小説よりも法則よりも奇なりです。およそ、そうした法則の中で、実際の場面で役立つものはそうたくさんはありません。

従来の心理学は人間一般をひとくくりにして、人間の心理というものはこうだと説いているものがほとんどで、個々の人間に対するとき、当てはまらないことが少なくないのです。それというのも、人はみな似たような人間に見えても、その心の中身は、今までに至る生育歴というか、育った環境、家庭、交友関係など、じつに多様な影響を引きずり、さまざまなファクターによってひずんだ自我をつくり上げているからです。

ただし、それがごく普通の波風立たない生活をしているかぎり、あまり表に出てきません。そのため人々は、みな他人も自分と同じような感じ方・考え方をしていると錯覚し、安閑と日々を送っているのです。

ところが、ひとたびことが極限的な場面、たとえば緊張感が高まる場面とか、重要な選択を迫られる場面、喜怒哀楽や愛憎の激しい感情にとらわれる場面になると、人は今まで表に出なかった自分の本性、本音や生育歴が露わにならざるを得なくなります。

そうなると、その人に向かい合う他人が、そのことの意外さにうろたえるだけでなく、本人も自分で自分がわからないという困った事態が起こってしまいます。ほかの人にとっては何でもない一言が、ある人には決定的なショックを与えたり、ごく当たり前に思えた接し方に、急に怒り出す人がいて困惑するなどということは珍しくありません。

こうした不可解な個々の人間の真実に迫るため、私たちはカウンセリングという方法を用いてきました。その人に対して、最初はほとんど情報がない白紙の状態から、たとえばじっくり時間をかけて相手の話を聞いたり、行動を共にしたりして、その人の心の奥深くに潜むものを引き出していきます。

するとその人の不可解な行動が、じつはその人の生育歴の中のちょっとした体験や、コンプレックスからきていることがわかることが少なくありません。そこでその「ちょっとしたこと」に気をつけてその人に接すると、さしもの堅く閉ざされた心や、理由もわからず恐れ、萎縮したり、反抗したりしていた心を解きほぐすことができるのです。

この方法は、日常的にも自分を含めて不可解な人の心を知り、動かすのに有効です。少なくとも、その人がその人にしかない自分というものを持っているはずであることを、つねに頭に入れて行動し、その心に潜むものを感じ取ろうとすれば、自分も他人も、よりいい関係で生かしていけるはずです。

この本では、こうした考えから、個々の人間に潜む心の真実を読み取るさまざまなヒントを挙げてみました。いわばその人とつきあう「勘どころ」、その人を変えたり動かしたりする「ツボ」や「急所」を発見するためのヒントと言ってもいいでしょう。

その「ちょっとした」ツボを知ることで、あなたの人を見る目が数段、深く確かなものになり、自分も相手もお互いを生かしあえる関係になることを祈っています。

平成十七年一月

著者　多湖　輝

第1章 「つい行動してしまう……」人間の衝動心理
——知らずに体が動いてしまう人間の心理メカニズム

第2章

強すぎる思いの反動で……人間の逆転心理

——抑圧されるほど反発する心理メカニズム

第3章

気持ち次第で変わる人間のやる気心理

――人間がやる気になる心理メカニズム

第4章

自信がないときほどこうなる人間の劣等心理

――自分にマイナスイメージが出たときに働く心理メカニズム

第5章
今泣いたカラスがもう笑う人間の転換心理
——気持ちが180度変わってしまう心理メカニズム

第6章

お互いの"相性"とは別次元……人間の対人心理

——人と人との間に生まれる心理メカニズム

第7章

同じものでも違って見える人間の比較心理
——視点を変えると気持ちも変わる心理メカニズム

第8章 知らず知らず表にあらわれている人間の深層心理

——日常生活で何気に体験している心理メカニズム

第9章

複雑かと思いきや意外と単純&お気楽心理

——人が陥りやすい心理メカニズム

第1章

「つい行動してしまう……」人間の衝動心理

知らずに体が動いてしまう人間の心理メカニズム

■選択肢を与えられると、それ以前の問題をつい忘れてしまう

買うか買わないか、行くか行かないか……こういう「やるか、やらないか」で悩むことは多いと思います。ほんとうに自分がどうしたいのかわからないということもありますし、フトコロ具合など、自分の欲求とは別のさまざまな要素が絡んで、どうしようか迷ってしまう、ということもあるでしょう。

こういうとき、人はとても慎重に考えているはずです。ところが、このような「やるか、やらないか」という根本的な問題をつい忘れて、気がついたときには「やってしまっていた」ということが、しばしば起こります。

その原因の一つとして考えられるのは、「人の心は選択肢を示されると弱い」ということです。たとえば、宝石店でお客が「買おうか買わないか」で迷っているとき、ベテランの店員はさりげなくこう聞くといいます。

「この真珠の指輪も、エメラルドの指輪も、奥様のように上品な方ならどちらもお似合いですよ。どちらがお好きですか？」

こうして、「何がお好きですか」でも「どれがお好きですか」でもなく、具体的に二つの商品を並べたうえで「どちらがお好きですか」と聞いているのが、この店員のウマイところなのです。というのも、こう聞くことで、いつのまにか「買う、買わない」の問題が、「どっちを買うか」という問題にすり替わってしまうからです。

こうなると弱いのが、人の心の不可思議さ。「真珠かエメラルドか」という選択肢を示されると、それ以前にあった「買うか、買わないか」という迷いが吹き飛んでしまいます。そして、すっかり「買う」ことが前提であるかのように、話は進むわけです。

このように、人の心というものは、選択肢を示されると、「どちらかを選ばねば」という、いわば強迫観念に襲われるものなのです。

デートの誘いに応じようかどうか迷っていたのに、電話で出し抜けに「イタリアンかタイ料理、どっちがいい？」と聞かれ、とっさについ「じゃあ、イタリアン」と答えてしまった、というような場合も、まったく同じ心理が働いているといえます。

迷っていたはずなのに「つい……」ということがあるなら、思い返してみてください。相手が示した選択肢の前に、「やるか、やらないか」の根本的な迷いが吹き飛んでしまったのかもしれません。

■内容を小出しにされると、つい期待してしまう

こんな話を聞いたことがあります。

アメリカのペンシルベニア州の小さな町に、一人の男がやってきました。彼は、町のオペラ・ハウスを一ヵ月後の十月三十一日の晩だけ借り切り、まず、町の掲示板に「彼来る」とだけ書かれた看板を掲げました。

それから二週間後、看板は「十月三十一日、オペラ・ハウスに出演」となり、前日になると「彼来たれり」、さらに当日の朝には「今夜八時半、オペラ・ハウスに出演」と変わりました。つぎつぎと情報が加えられる看板に、町の人々の期待と興奮は最高潮に達します。

そして当日の夕刻、オペラ・ハウスの前には、チケットを買い求める人々が長い行列をつくりました。八時ごろ、期待で胸を膨らませた観客がぞくぞくとオペラ・ハウスに集まり、ついに八時半、舞台の幕が上がります。しかし、スポットライトが照らし出していたのは、「彼去りぬ」と書かれた巨大な看板だけだったとのことです。

まったくけしからん詐欺だったというわけですが、この話は、人の心の不可思議さを物

語っています。

以前見たあるコメディドラマでも、銀行の横領犯を追う刑事がこんな意味のセリフを言っていました。

「この犯人に、私は不思議と惹きつけられる。きっと、人物像を探れど探れど、断片的にはわかっても全体像が見えないからだ。たしかに、ちょっと探っただけですぐに人物像がわかるような犯人は、追っていてもつまらない」

刑事にあるまじきセリフですが、まさに言い得て妙でしょう。何事も、全体像がすぐにつかめるものは、あまり面白くありません。すこしずつ明かされていくほうが興味も湧くし、期待も否応なしに高まります。

ペンシルベニアのとある町の住民も、最初から看板に「彼来る。十月三十一日の夜、オペラ・ハウスに出演」と書かれ、それ以降、何の変化も見せなかったとしたら、それほど興味を持たなかったことでしょう。しかし、情報を小出しにされたために「彼って誰??」という期待が膨らみ、まんまとペテンに引っかかってしまったというわけです。

最近、新商品の内容が徐々に明かされていく形式のコマーシャルをいくつか目にしましたが、これも、同様の心理を刺激する手法と言えるでしょう。

■間近に迫られると、つい「うん」と言ってしまう

人は、さまざまな場面で説得したりされたりしながら、社会生活を営んでいます。会社で、学校で、互いに自分の主張をぶつけ合うことも、よくあるのではないでしょうか。

その中で、不本意ながら相手のペースに飲まれ、けっして納得したわけではないのに、「うん」とうなずいてしまうことも、しばしばです。

単純なことですが、そこにお互いの「距離」が大きく関係していることも、少なくありません。

精神的な距離ではなく、まさにお互いのあいだの物理的な距離です。すこし離れていれば簡単に反論できることでも、間近に迫られて説得されると、言葉もしどろもどろに、すっかり相手に飲まれてしまうことが多いのです。

ずいぶん昔のことですが、ある会社の部長さんが、とっておきの上司説得法を披露してくれたことがあります。

彼にとって説得する上司とは、とりもなおさず社長のことだったのですが、彼は社長室

に入ると、かならずドアの近くのソファに腰掛け、社長からけっこうな距離を取って話すと言っていました。

いくら社長に「遠いから、こちらに座りたまえ」と言われても、彼はけっして応じません。距離を狭めると、たいていは社長のペースにはまり、社長の言い分にうまく丸め込まれてしまうからだそうです。

たしかに、部下が上司に物申す場合は、心理的な圧迫感も働きますから、遠くからのほうがやりやすそうです。すぐ近くで、上司に「キミは間違っている。それは、こういうことだろう」と迫られれば、思わず「はい、おっしゃるとおりです」と言ってしまっても無理はありません。

すこし離れたところから話すことにしていると言っていた彼は、距離が人の心に与える影響を、経験から学び取っていたということでしょう。

これは何も、上司、部下のあいだに限ったことではありません。どんな相手でも、間近で口角泡を飛ばして説得されたら、つい飲まれて賛同してしまうものなのです。そう考えれば、もしこの部長に、もうすこしガッツがあれば、逆に社長に間近に迫り、自分の説得につい「うん」と言わせる側にまわれたのかもしれません。

真正面から要求を言われると、つい応じてしまう

間近に迫られると、つい「うん」とうなずいてしまうことと似ていますが、真正面から要求を言われると、つい応じてしまうということも、よくあります。

私の知人も、このことでしきりに嘆いていたことがありました。その人の友人の女性は、たいていの人が言い出しにくいと思うような頼みごとでも、いけしゃあしゃあと言ってのけ、しかも例外なく相手に飲ませてしまうそうなのです。

いったい、どんな話術を持った魔性の女なのかといぶかったものですが、その女性が頼みごとをするときの様子を聞いて、なるほどと思いました。

何も、特殊な話術を使っているのではありません。私の知人曰く、彼女は、何か頼みごとをするときや、相手から聞き出したいことがあるときは、かならず相手の目をじっと見据えるそうなのです。

一度、目をとらえられると、もう逃げられない。頼みごとはスイスイ引き受けてしまうし、恋人との関係など、あまり大っぴらにしたくなかったことでもペラペラ話してしまう

と、その知人は嘆いていたのでした。

人は、目を見つめられてハッキリと言われると、断りにくい心境になるものです。それは、真正面から要求されると、なかば「応じるのが当然」というような心理状態になるからです。

一昔前、ヘア・ヌードの先駆けとして一世を風靡し、現在も活躍中の篠山紀信氏も、ヌード写真を撮るときは、相手が大女優だろうが誰だろうが、真正面からハッキリと「じゃあ、脱ごうか」と言うそうです。すると、まるでそれが当たり前のことであるかのように、すんなり運ぶそうなのです。

ここでも、相手には同じ心理メカニズムが働いていると言えます。

もしそこで、目を伏せてモジモジと言ったら、ただでさえ勇気のいることに、相手はなおさら躊躇してしまうことでしょう。その場は気まずい雰囲気に包まれ、撮影も失敗に終わるに違いありません。

このように、目には単にものを見る以上の役割があります。だからこそ、飲みにくい要求でも、じっと見据えられて真正面から言われると、ついすんなり応じてしまうのです。

■■大義名分があると、ためらっていた話にもつい乗ってしまう――◉

太閤秀吉が、一揆を収め、戦乱の世を平定するために「刀狩り」をしたときのことです。強圧的に出れば、猜疑心の強い農民が言うことを聞くはずがない――。

こう考えた秀吉は、農民に向かって、没収した武器は新たに建立する大仏のクギやカスガイにするという大宣伝を行ない、また農民は農業に専念したほうが世のためだという理屈を繰り広げました。

「武器を、ありがたい大仏様の建立に役立てることで、お前たちは来世まで供養されることになる。それに百姓が耕作に専念すれば、国土安全で万民のためになる」という論法で説得したのです。

このように、信心と農民としての義侠心の両方に訴えられた農民は説得に応じ、とくに激しく反発することもなく、武器を差し出しました。

人には、大義名分やスローガンを示されると、躊躇していた話にもすんなりと乗ってしまうところがあります。それが人の心というものの強さであり、また弱さでもあると言えるでしょう。

知り合いの編集者が、担当している著者が「スローガニズム」に終始しているため、内容や具体例に乏しく、本がつくりにくいとボヤいていたことがあります。しかも、彼が言うには、そういう著者ほど熱心な信奉者が多いとのことです。

もちろん、人柄なども加味されるべきだと思いますが、一つには、大義名分やスローガンほどストレートに人心に訴えるものはないからでしょう。

第二次世界大戦が始まる直前、二・二六事件という未曾有のクーデター未遂事件を起こした青年将校たちが、千五百人もの軍隊を率いて首相官邸などを襲撃し、永田町一帯を一時占拠するという暴挙に及んだのも、「国家改造」という、彼らにとっては日本をよりよくするための大義名分があったからでした。

このように、大義名分やスローガンには、人を激しく突き動かす魔力があります。その「大義」は、そのときどきによって違いますが、仮にさまざまな疑念を抱いていても、一言「大義」を含んだ強力なフレーズを投げかけられると、つい話に乗ってしまうのは、その不思議な力ゆえのことと言っていいでしょう。

■「安ければ買う」と決心しても、つい買ってしまうことになる

人の心には、何かを守るために防壁を張っていても、ちょっと油断するとその防壁がもろくも崩れ去り、当初守るつもりだったことを、つい忘れてしまうという傾向があります。

たとえば、待ち合わせまでの時間つぶしにちょっと覗いたブティックで、とても素敵なセーターを見つけたとします。でも、とくにセーターが欲しかったわけではないし、待ち合わせの時間もそろそろ迫っていたので、そのときはそそくさと立ち去りました。

でも、それから数日過ぎても、そのセーターの残像が目の前にチラつきます。ボーナスが入ったころなら、即、買ってしまっていたことでしょう。でも、実際は給料日前、財政的には一番厳しい時期です。

欲しいけど、お金がない。お金はないけど欲しい。「買う、買わない」の押し問答を自分の中で繰り返した結果、ある結論に達します。「もう一度行ってみて、一万円以下だったら買おう」

こうして勇んでお店に出かけ、値札をめくると「一万五千円」とあります。いうまでも

なく、最初に決めた予算をはるかに上回る値段です。でも、その場で「まわれ右」をして店を出るかというと、そうはいきません。そこが人の心の弱いところなのです。

よほど意志の強い人でない限り、おそらく手に取って眺めたり、鏡の前で体に当ててみたりすることでしょう。そこへ店員が歩み寄り、「よくお似合いですよ」とでも言おうものなら、心の中の針は一気に「買う」ほうに傾いてしまいます。

こうして「カードで買えばなんとかなるか」などと思ったときには、最初に決めた「一万円以下だったら」という条件は、きれいさっぱり忘れ去られているわけです。

これに似たような経験は、誰にでもあるのではないでしょうか。何も買い物に限った話ではありません。

「お互い仕事があるから、九時には絶対にお開きにする」と決めて友だちと飲みに行ったとき、「勉強しなくちゃいけないから、あのステージまでやったらやめる」と決めてゲームを始めたとき、はたしてどれだけの確率で、最初の決意は守られるのでしょう。

それほど、人の心というのは、誘惑に弱いということです。そう考えれば、こうした条件づけは、したいことをするための口実を、最初から無意識のうちにつくっているに過ぎないとも言えるのかもしれません。

■第三者の口を借りると、つい本音を漏らしてしまう

アメリカ人は率直にものを言うとされていますが、何でもストレートに尋ねればいいというものでもありません。

たとえば、「あなたは日本をどう思いますか？」などと聞いても、まず、その人の率直な意見は出てこないでしょう。おそらく、「四季の移り変わりが美しく、人々は礼儀正しい。原宿、渋谷などの街は、とてもエキサイティングで楽しそう。日本料理は私も大好きで、よく食べに行きます」といった、ありきたりの答えが返ってくるだけです。

でもここで、「あなたの国では、日本の評判はどうですか？」と聞いてみると、答えは違ってくるはずです。

対象を「アメリカ人全体」に広げているので、こちらのほうが一般論になりそうな気がするかもしれませんが、相手は自分の意見として言わないことに気が大きくなるので、むしろ一般論以上の話をする傾向があるのです。日米関係は、両国にとってつねに懸案事項ですから、政治意識の高い人なら、辛辣な日本批判も飛び出すかもしれません。

真正面からものを言うことに、たいていの人は強い抵抗を持つものです。それはアメリカ人といえども変わりませんし、人種の別なく人類全般に共通する心理です。間近で説得されたり、真正面から要求を言われたりすると、つい相手のペースにはまってしまいがちなのは、その裏返しの反応なのでしょう。

それだけ正面切ってものを言うことは難しいということですが、自分の意見としてではなく、誰か第三者の意見として言うとなれば、抵抗感は格段に弱くなります。

たとえば、友だちとある映画について話していたとしましょう。

友だちは、その映画を絶賛していますが、自分にはどこがいいのかわからない。こういう場合、「私は、全然好きじゃない」と言うのと、自分と同じ感想を持つ人を引き合いに出して「あの人は、どこがいいのかわからないって言ってたよ」と言うのとでは、後者のほうがはるかに心理的なプレッシャーは弱いことでしょう。

マンガなどで、よくガキ大将の腰巾着が「あいつがこんなことを言っていた」式に、第三者の口を借りてガキ大将への反感を言ったりするのも、同様の心理を描いています。自分の言い分が相手の反感を買ったり、傷つけてしまったりすることを恐れるために、人の口を借りたほうが本音を出しやすいというのも、人の心というものなのです。

焦らされると、つい熱中してしまう

前に、なかなか全容がつかめないものにほど、人は期待を募らせるといいました。それと同じく、人はなかなか手に入らないものほど、熱中して手に入れたがるものです。

これは、誰にでも、すぐに思い当たるところがあるのではないでしょうか。

プレイボーイなら、めったに誘いに応じない女性を口説くときのほうが気持ちは燃え上がることでしょうし、懸賞に応募するのが趣味の人なら、当選人数の少ないものほど、熱を込めてハガキを書いてしまうことでしょう。

パチンコ、競馬、競輪などのギャンブルにしても、同様です。

もちろん、ほんとうにお金に困っている人や、働かずに食っていきたい人、一攫千金を狙う人にとっては、いつも当たるに越したことはないのでしょう。しかし、これを趣味とする人が、なぜ、いざ抜けようと思っても抜けられないほど熱中してしまうかといえば、「なかなか当たらないから」の一言に尽きるのです。

心理学には、「強化のスケジュール（Reinforcement Schedule）」という言葉があります。

その中に、「正しい反応に対して、報酬が与えられる頻度が少ない状態で身につけた反応ほど、その報酬が止まったときにもなお、その状態で反応しつづける」という学習心理学上の原則があります。

つまるところ、ある行為に対する意欲を高める要素（「強化」）、つまり報酬が与えられる頻度が少ないほど、人は、その行為を熱心につづけてしまうということです。

たとえば、パチンコの台は、ほんのときどきしか当たらないように釘が調整されていますが、この「ときどき」こそが、人の心を虜にする最大要素なのです。

何度かやりつづけて、「ときどき」に当たれば、それに味をしめて通い始めることでしょう。でも、そういつも当たるはずはありません。そこで、諦めてやめてしまうかといえば、それが人の心の不可思議さで、「次こそは」と意地でも当たるまでやりつづける気になってしまうわけです。

「当たるまでやってやる」と思うのですから、もちろん、一番嬉しいのは「当たる」ことです。しかし、これが打てばかならず当たるようなゲームなら、誰も熱中しません。あくまで当たったときの嬉しさは、「ずっと当たらなかった」ということとセットでなければ味わえないのです。

■不安なときほど、奇想天外なことをつい信じてしまう

アメリカで起きた、「『火星人襲来』パニック」の話をご存知でしょうか。火星人襲来をテーマにしたラジオドラマを事実と思い込んだ人々が大パニックに陥ったという、嘘のようなほんとうの事件です。

一九三八年十月三十日、アメリカの大俳優、オーソン・ウェルズは、ラジオ局のスペシャル番組で、アメリカのとある町に火星人が攻め込んで大パニックが起きるというSF小説を元にラジオドラマを企画、放送しました。

遊び心に富んだ大俳優は、それを、通常のラジオ番組に突然入る臨時ニュースというかたちで始まるようにつくりました。しかも、実在する町の名前を出して「現在、どこどこで交戦中」「詳しい情報が入り次第、お伝えします」などと、緊迫感あふれる実況放送を全編に渡って繰り広げるという念の入りようです。

つまり、リスナーには、あたかも火星人襲来の臨時ニュースで通常の番組が中断され、戦況の中継に切り替わったかのように聞こえるというのが、狙いだったわけです。

しかし、その狙いは、オーソン・ウェルズの予想をはるかに上回る波及効果を生み出しました。番組の最初には「フィクションです」という断りが出ましたが、途中から聞き始めた人は、そのことを知る由もありません。

結局、全米一二〇万人もの人々が、ほんとうに火星人が襲ってきたと信じ込み、避難行動に出たり、義勇兵を志願したり、はたまた給水塔を火星人と間違えて銃で撃ったりなど、大パニックに陥りました。こうして、俳優のちょっとした試みは、州軍や警察を巻き込む大事件に発展してしまったのです。

なぜ、こんなことが起きたのか、私も確証はできません。

しかし一つ言えるのは、人は重大な不安を抱えているときほど、普通なら信じないようなこと、奇想天外な事件や流言蜚語に心を動かされ、つい信じ込んでしまうものなのではないか、ということです。

一九三八年といえば、第二次世界大戦勃発の前年、ナチス・ドイツの台頭が人々の心に重くのしかかっていた時期です。当時のアメリカ人たちも、その漠然とした、しかし頑として消え去らない不安が蔓延している中で、理性的な判断を失いやすい精神状態にあったということでしょう。

■哀願調で迫られると、つい引き受けてしまう

これはいうまでもなく、情に訴えられると人は弱いということです。昔から「泣き落とし戦術」は最後の虎の巻とされていますが、とくに日本人は古来、情にもろいとされているので、思い当たる人も多いと思います。

有名な中曾根元首相と田中元首相の会談をご存知でしょうか。

二人が政治倫理問題で話し合ったとき、田中元首相は、涙を浮かべて「孫に『悪口を言われるので学校に行きたくない』と言われるのが一番つらい」と、苦しい胸中を訴えました。これに中曾根元首相は、思わずもらい泣きしてしまったといいます。

この話は新聞でも大きく報道され、頑固一徹で国政を担ってきた一国の首相であっても、哀願調の訴えには弱さを見せるということを見せつけました。

また、この田中元首相の涙ながらの訴えに、はからずも同情を覚えた国民も多かったことでしょう。

田中元首相の孫たちはほんとうに気の毒ですし、そのことに心底つらい思いをしていた

田中元首相の胸中に疑うべきところはありませんが、仮に不合理なことであっても、哀願調で迫られると、固い決意もたちまち崩れてしまう傾向があります。

知人から借金をするのが上手な人がいますが、たいてい、彼らは哀願調で迫るものです。平伏して頼む、目も伏せがちで言葉少なに頼む、止むに止まれぬ事情を切々と語りながら頼む……。あらわれ方はさまざまですが、情に訴えているという点では、どれも変わりありません。

子どものおねだりにしても、駄々をこねて親を閉口させたあげく、最後には折れさせるという方法もありますが、親が一番弱いのは、やはり哀願調のおねだりでしょう。

最近、ある子育て本にも書いたばかりですが、知人の娘さんが子どもだったころのおねだり法に、私も思わずニヤリとしたことがあります。

その娘さんは、かつて、欲しいものがあると、うつむき加減に消え入りそうな声で「これ、買ってくれないよね……」と言っていたそうです。そうなると情が移り、つい買ってあげてしまったものだと、知人は話していました。

このように、情に訴えられると、いくら応じないと決心していてもつい応じてしまうのが、人の心というものなのです。

■発した一語一語を確認されると、つい隠れた欲求を吐露してしまう――◉

前に、第三者の口を借りると、つい本音を漏らしてしまうと述べましたが、ほかにも隠れた欲求をつい吐露してしまうように心が動いてしまうことがあります。

それは、発する言葉を、逐一確認されると弱いということです。言ったことを繰り返すという聞き方をされると、相手に自分の心の奥に入り込むことを許してしまう傾向があるのです。

たとえば、次のような会話は、かつて化粧品の訪問販売などで主婦とセールスマンのあいだでよく聞かれたやり取りでしょう。

主婦「化粧品なら持ってるわ」

セールスマン「持ってらっしゃる」

主婦「○○というメーカーのを使っているので、今はそれで十分です」

セールスマン「十分とおっしゃる」

主婦「そう。あまり出かけないし」

セールスマン「あまりお出かけにならないわけですか」
主婦「ええ、まあ。でも、そうは言っても、私くらいの歳になると、これからパーティやなんかに招かれることは多くなりそうだけど」
セールスマン「招待されることが多い」
主婦「そうね。だから、すこしはきれいにしたいと思ってはいるのよね」
セールスマン「もっとおきれいになりたい」……
ここから先は、ご想像のとおりです。
主婦が「もうすこし化粧品に費やしたい」という欲求をつい吐露してしまったので、あとは、買う方向で話が進むことでしょう。
これは、相手がじっと注意深く聞いているという気配を察すると、むしろ心の障壁が崩れてしまうということをあらわしています。一語一語を傾聴されているとなると、話し手は言葉をないがしろにできなくなり、つい、ほんとうの気持ちを漏らしてしまうというわけです。

第2章

強すぎる思いの反動で……人間の逆転心理

抑圧されるほど反発する心理メカニズム

■マイナスの感情が強すぎると、かえってプラスの表情になってしまう

ご存知のとおり、人には「表情筋」と呼ばれる筋肉があり、嬉しいときの笑顔や怒ったときの恐い顔、悲しいときの泣き顔など、感情に応じてさまざまな表情をつくり出しています。どんなにポーカーフェースの上手な人でも、あまりに強い感情を抱けばそれが表情に出てしまうのを抑えることは難しいでしょう。

しかし、いつも喜びが喜びの、怒りが怒りの表情を生み出すかといえば、そう一筋縄ではいきません。不思議なもので、あまりに感情が強すぎると、本来その感情に見合っている表情とは正反対の表情になってしまうことがあります。

そうした例は数限りなくあると思いますが、夫婦喧嘩などもそうです。

二人がしかめ面をつき合わせて口汚くいがみ合っているうちは、まだ和解の余地がありますす。それが、もはや修復不可能なほどお互いの不和がこうじると、不快な表情は消えてものわかりのよさそうな笑顔になり、態度全体が卑屈なほどに丁寧になるのです。

これは家庭裁判所の調停員が夫婦仲を推しはかる基準にもなっており、夫婦どちらかに

このような態度があらわれたときには、たいてい不和の根が深いと判断するそうです。お互いに激しい敵意や反感を抱いていても、それを人目にさらすのは、他人に不快感を与えるだけでなく、夫婦の危機という社会的に認められない事態をあからさまにすることになってしまいます。そこで、心理学で言う「反動形成」が働き、つくり笑顔や丁寧すぎる態度が生まれるわけです。

といっても、感情を隠そうと努め、意図的に反対の表情を「つくる」のではありません。それでは、ある種ポーカーフェースと同じですから、感情が顔に出ていることにはならないでしょう。

そうではなく、あくまで強すぎる感情を抑制しようとするあまり、反対の表情に「なってしまう」、要するに、なかば本人の意志とは関係なくそうなってしまうのです。

これを、フロイトは「防衛機制」と呼びました。つまり、正反対の表情になるのは、自分の感情をそのまま表に出すことは反社会的であり、自分のためにならないと自我が判断したために、無意識のうちに自己を守ろうとして起こる自然現象だということです。

しかし、マイナスがこうじてプラスになった表情には、やはり、どことなくぎこちなさが漂うものだということは、言い添えておいたほうがいいでしょう。

ありあまる関心を持つと無関心を装ってしまう

「目は口ほどにものを言い」と言うように、目に浮かぶ表情は、ときに口頭では訴えられない感情をじつに雄弁に物語ります。それが隠れた欲望となれば、なおさら口に出すはずはありませんから、目の表情、それも視線の方向にあらわれてしまうものです。

といっても、この項のタイトルにも掲げられているとおり、欲望の対象をあからさまに見つめるほど、人の心は単純ではありません。

たとえば、私にはこんな経験があります。ある座談会の席で、私は、出席者の一人が、正面に座っている人のことを見ようとしないことに気づきました。

そこで「何かあるに違いない」と感じた私は、ちょうど話もさして盛り上がってないときだったので、まず、その人の正面に座っている人に発言をうながし、次に、視線を向けようとしない当人に「今の意見についてどう思われますか?」と水を向けてみました。すると驚いたことに、その人はとたんに猛然と反論を繰り広げ始めたのです。

あとで知ったのですが、その人は以前、正面に座っていた人との論争に敗れた経験があって以来、気まずくなっているとのことでした。

だから、私に指名されたときに、いわば「借り」を返そうと、激しい反論を試みたということでしょう。

視線を向けようとしないといえば、さらに俗っぽい例として、異性に対するものもあるでしょう。性的な欲求が強いときほど、目をそらしてしまうというようなケースです。

たとえば、電車やバスに目をひく美女や露出度の高い洋服を着た女性が乗ってくると、ほとんどいっせいに視線が集まります。悲しいかな、それが男というものでしょう。

しかし若い男性は、しばしば、一度反射的に視線を向けたとたんに、そっぽを向いてしまいます。ありあまるほどの関心があるのに、深層心理で言う「抑圧」が強く働いて自制するのです。

もちろん、さらに関心や欲求が高まれば、あからさまな視線でなくとも、横目でチラチラと見るくらいはすることでしょう。

しかし、人は社会的存在ですから、そう思うままに視線を送っていては社会生活が脅かされてしまいます。ですから、まずは、前項でも述べたような無意識の自己防衛反応が働くというわけです。

■欲求不満が強いほど、自慢話に走りやすい

感情が強すぎると、かえって反対の行動を取ってしまうという人の心の不可思議さは、欲求不満についても言えることです。心の内に溜まった鬱憤が、いつも愚痴や不平をこぼすというかたちで表に出るとは限りません。

前に、知り合いの芸能記者が、こんなことを話していました。

「芸能人夫婦の不仲を知るのは、さほど難しいことではありません。夫婦そろって出演している番組を丹念に見ていて、以前よりも嬉しそうな表情をしきりに見せるようになったり、多弁になったり、しきりに夫婦仲のよさを誇張したりといった場合は、まず八割がた何らかの問題があると見ていいでしょう。そういうときは、かならずマークしています」

たしかに、自分たちの仲のよさをしきりに自慢する夫婦ほど内部には鬱憤が溜まっているというのは、ありがちな話です。

夫婦仲の不和が極限近くになると、お互いに対する態度や言葉づかいが卑屈なほど丁寧になるということは、前に話しました。夫婦仲の悪さを隠したいがための逆転反応という

点で、それと似たような反応と言えるでしょう。

その意味で、この芸能記者の裏ワザは、逆転反応を生み出してしまう人間心理の不可思議さをみごとに突いていると言えます。

溜まり溜まった欲求不満が、まったく逆の自慢話というかたちとなって表出されるという例は、夫婦仲だけに限った話ではありません。

たとえば、よく居酒屋などで、若い後輩社員を相手に昔の自慢話や手柄話を披露している壮年の会社員を見かけます。酔いも手伝って本人はすっかりご満悦の様子なのに、周囲はしらけきっている。なんだか、いたたまれない気持ちになるものですが、こんな場面に誰しも一度や二度は出くわしたことがあるのではないでしょうか。

そういう自慢話は、時代について行けなくなったとか、まったく昇進の道が閉ざされた、職場に適応できなかったなどで欲求不満に陥った人が、その反動として、昔の自慢話を引っ張り出していると考えられます。

よほどの自惚れ屋は別として、ほんとうに満ち足りているのなら外に向けて熱心にアピールする必要はありません。現状に対する欲求不満が強い人ほど、自慢話で武装してしまう根本には、そうした現実を忘れてしまいたいというような心理があるのです。

相手のことが気に入らないと、バカ丁寧な言葉づかいになる

最近は、言葉の乱れの一つとして敬語に対する無知が槍玉に挙がることが多くなりましたが、それでも社会生活を営んでいく上で、敬語は日本人にとってひじょうに重要な役割を果たしています。

敬語を、完璧とまではいかなくても、ある程度使いこなしていれば、社会人としての良識を疑われることなく社会生活を営むことができるというのが、日本社会の一応のしくみといって差し支えないでしょう。

しかし、この敬語も、人の心にかかると、がぜん違った様相を帯びることがあります。「慇懃無礼《いんぎんぶれい》」という言葉がありますが、心中に相手に対する不満や驕りがうごめいていると、意図的に不自然で過剰なまでの敬語を使うというような場合がそうです。覚えのある人も多いのではないでしょうか。

いうまでもなく、気の置けない人間関係に敬語は必要ありません。ところが、ときとして、こうした親密な人間関係の中に不満要素が生じて機嫌を損ねると、突如、会話にバカ

丁寧な敬語が入り込むわけです。

私のある知人も、奥さんがやけに丁寧な言葉づかいをし始めたときは、何らかの理由で不機嫌になっているときだということを、何度か手痛い失敗を繰り返した末にようやく学んだと話していました。

「言葉はコミュニケートする二人の心理的な距離を測る尺度」とよく言われますが、とくに敬語は、礼を正す機能を果たす半面、「他人行儀な言葉」と言われるように、無意識に他人と自分を隔てる機能を持っているとも言えます。

よく京都人は、よそ者に対する言葉づかいが丁寧だと言われますが、これも一面では、排他性の強い土地柄をあらわしているのかもしれません。「観光地・京都」のイメージに反して、京都の人はなかなか他所《よそ》の人となじまず、冷たい印象を与えると言われるのも、こんなところに原因があるとも考えられます。

京都の町を歩いていると「観光客に優しく」というような標語をよく見かけます。あれほど丁寧な敬語をよそ者に対して使う土地にこうした標語があるという矛盾も、これで納得がいくのではないでしょうか。

■話したくない秘密があるときほど多弁になる

　下世話な例で申し訳ありませんが、あるテレビの座談会で「男は、何かやましいこと、たとえば浮気して帰ってきたときは、たいてい、妻に向かってペラペラとしゃべりまくる」と言っている評論家がいました。それを聞いて、私は「なるほど、それは心理学的に見てもありうることだ」と思いました。

　人間は一般に、心の中に秘密や心配、不安、恐怖などがあるときほど多弁になり、話すテンポも速くなるものです。

　今の例のように、相手に後ろめたいことがある場合に限りません。不安な健康診断の結果を待っているあいだほど、自分から陽気な話題を次から次へと持ってきてしゃべりまくるものですし、あるいは取引先を激怒させてしまって平謝りに行く車中ほど、同行者と前向きな話題で盛り上がるものではないでしょうか。

　おそらく、そこまで深刻な不安でなければ、むしろ意気消沈の状態がつづくのでしょう。不安や恐怖が強すぎると、その気分に飲まれてしまいそうになるからこそ、あえて陽気に振る舞うのです。つまり、必要以上に多くのことを速いテンポでしゃべることによって、自分の内に潜む不安や恐怖を紛らわそうとする心のメカニズムが働くというわけです。

私にも、似たような経験があります。

ある編集者と電話で話していたときに、いつもはボソボソと小さな声で要件だけを話す彼が、そのときはやけに大きな声で、しかも、要件とは関係ないことまでペラペラと話すので、不審に思っていました。

そこで、話の区切りがついたところで「君、今日はすこし変だね。いつもとはちょっと違うようだ」と言ってみたら、彼はとたんに黙り込み、しばし沈黙したあと「じつは……」と、つい先日、配置換えで編集の仕事にはまったく関係ない部署に異動することが決定したことを打ち明け始めたのです。

このように、人は内に秘めた思いがあるときほど、多弁になるものなのです。

といっても、やはり、どことなくただのおしゃべりとは違った雰囲気をかもし出してしまうものなので、勘の強い人には見破られてしまうことが多いようです。冒頭の例でも、勘の強い奥さんならば、夫のいつもと違う様子に気づき、まっさきに浮気を疑うことでしょう。まったく事実無根を装うほど、心はできたものではないというわけです。

■抑圧された願望ほど、口が滑って飛び出してしまう

心理学者の大御所、フロイトは、間違いは抑圧された願望のあらわれであるという説を唱えていました。その根拠として、フロイトは次のようなエピソードを挙げています。

旅行に出ていたあるとき、道連れになった女性が、彼にこう言ったそうです。

「ほんとうに、旅は楽ではございませんね。一日中、こんな暑い中を歩きつづけるんですもの。ブラウスもシュミーズも汗びっしょりになって……」。そのあと女性はすこし口ごもり、「でも、ホーゼに着いたらすぐ着がえます」と付け加えました。

ドイツ語をかじった人ならおわかりでしょうが、この女性は「ハウゼ（ホテル）に着いたら」と言うべきところを、「ホーゼ」（パンティ）と言ってしまったのです。

これを、フロイトは、「ブラウスもシュミーズもパンティも」と言いかけたところで恥じらいの気持ちが働き、「ホーゼ」の部分だけを抑え込んだために、それが言い間違いというかたちで飛び出してしまったのだと解釈したわけです。

また、オーストリアの下院議長が、国がさまざまな困難に直面しているときに、波乱が

予想される議会の開会宣言で「ここに議会の閉会を宣言します」と口走ってしまったことにも、フロイトは同様の解釈を加えています。

すべての間違いが抑圧された願望のあらわれであると言い切るのは、いささか行き過ぎた論理だと思いますが、ときに、抑え込んでいた願望が言い間違いというかたちでポロリと飛び出してしまうというのは、たしかに、よくあることではないでしょうか。

現に、抑圧された願望を言い間違いであらわしてしまった人を、私も知っています。

ある企業に勤める知人を訪問しようと、電話で道順を聞いたときのことです。バスで行くという私に、彼はあるバス停の名前を教えてくれました。しかし、そのバス停の近辺に、目指す会社は見当たりません。

そこで再度彼に電話すると、そのバス停は、じつは彼の自宅の最寄のバス停だとのことです。私は、おそらく彼は会社に不満を持っており、いつも早く帰りたいと思いながら仕事をしているのだと推測しました。そして実際に、それから一年ほど後、彼から転職したという知らせを受けたのです。

抑えようとしているということは、逆に考えれば、つねに頭にそのことがあるということです。何かのはずみでポロリと出てしまっても、何ら不思議はないのかもしれません。

女性は、真意を隠したいときほど相手を強く見つめる

秘密があるときほど、人は多弁になるとお話ししたばかりですが、性別に分けて考えてみると、また違った側面が見えてくるようです。そこに関連して興味深い研究結果があるので、ご紹介しましょう。

その研究結果を先に言ってしまうと、女性はディスコミュニケーション、つまり、自分の思っていることを相手に伝えたくないときほど、相手を強く見つめるものだというものです。

これ自体は、数十年前に心理学者のR・V・エクスラインらの実験によって出されたものですが、ここに改めて紹介しておきたいと思います。

エクスラインらが行なった実験は、男女数人の被験者に、事前に「真意を隠しなさい」と指示する場合としない場合の二つの状態を設けた上で、一人ずつ一対一の面接を行なうというものでした。

すると、事前に指示された場合に面接官を見つめる時間が、男性の場合は格段に下がる

のに、女性は逆に上がることがわかったのです。

そこから、女性は、真意を悟られまいとするほど相手を見つめるという仮説が導き出されたわけです。

しかし、だからといって、女性が嘘をつくのが上手だと結論づけるのは、おそらくお門違いというものです。なぜなら、相手を見つめる時間率が上がったということは、あらわれ方こそ違えど、やはり、「真意を隠している」という引っかかりが表に出てしまっているということだからです。

これで、もし「真意を隠せ」という指示があろうがなかろうが、まったく相手を見つめる時間率に変化が見られなかったとしたら、たしかに、あっぱれながら嘘をつくのがうまいということになるでしょう。

でも、そうではありませんでした。

要するに、男性は真意を隠そうとすると、その緊張感からつい目を背けてしまいますが、いっぽう女性は、「真意を隠す」という意識が高まるほどに、かえって相手を見つめてしまうということなのではないでしょうか。

■怠けたいときほど熱心に働いてしまう

マイナスの感情が強いときほどプラスの表情をつくり、関心が強いときほど無関心を装い、欲求不満が強いときほど自慢話に走り、相手のことが気に食わないときほど丁寧な言葉づかいになり、秘密があるときほど多弁になる。これまで、強すぎる感情の反動から起こる逆転現象をいくつかお話ししてきました。

いうまでもなく、これらはすべて、内に秘めた心をさらしたくない、あるいはさらしてはいけないという深層心理が引き起こす現象です。激しい敵意や欲求があっても露わにせず、うまく抑えることで安穏な社会生活を守ろうという、まさに社会的存在としての自己防衛機能が働くわけです。

そういう意味では、やりたくないものほど、一生懸命やってしまう、怠けたいときほど熱心に働いてしまうといった逆転反応は、ある種もっとも〝わかりやすい〟逆転反応と言えるのではないでしょうか。

ある社会に属している以上、誰にでも何らかの役割があるはずです。そして、大なり小なり与えられた役割をきちんと果たさなければ、その社会でうまく生きていくことはできません。

だから、元来、仕事に何の興味も抱いていない人は、周囲の非難や処罰を恐れて縮み上がっている状態がつづくことになります。そして、緊張がピークに達して耐えられなくなると、その緊張を消すために周囲から賞賛を浴びるような行動を取り始めます。つまり「反動形成」が働き、会社であれば、まじめ社員に変貌するわけです。

ここでめでたし、となればいいのですが、熱心に働くのは、あくまで逆転現象であり、根本には怠けたいという心が依然としてあるわけですから、気持ちと正反対の行動を取っているストレスは確実に溜まっていきます。

すると、その熱心さが、たとえば自分より仕事量が少ない人を執拗なまでに攻撃するといった、一種の歪んだかたちにまで発展するという、厄介なことになりがちなのです。

また、これは「怠けたい」という気持ちの反動として賞賛を浴びるための熱心さですから、計算どおり賞賛を浴びつづけると、だんだん怠け心がよみがえってきます。そうなれば、たちまち遅刻や手抜きなどがふたたび目立ち始めることでしょう。

人の心の不可思議さには、こういう小賢しいところもあるということです。

■判断力に自信があるときほど、「一長一短」に弱い

以前、ある車のディーラーから、面白い販売戦略を聞いたことがあります。

それは、お客の学歴をそれとなく聞き出しておいてから、それに応じた売り込み法をとるというものです。学歴に応じた方法が何かというと、高学歴の客に対しては、ある程度、売り込む商品の短所を述べながら、あわせて長所を強調し、学歴の低い客には、長所だけを徹底的に力説するとのことでした。

高学歴者に対してこのような「両面説得」が効果を発揮することは、すでに第二次世界大戦の末期に、アメリカ陸軍の情報教育部で実験されています。この実験でも、教育程度の高い人ほど一面的説得には応じにくく、不利な情報も交えて、ことの両面に触れた説得のほうが、結局は効果があることが報告されているのです。

どうしてこのようなことが起こるかというと、高学歴者ほど疑い深く、かつ自分の判断力に自信があるものだということに関係があります。

疑い深く、判断力にも自信があれば、長所ばかり強調されるほどに疑念は深まることで

しょう。ところが、「じつは……」などと、その欠点もすこし交えながら説得されると、情報をすっかり把握した気になり、「たしかに欠点はあるが、それを補ってあまりある長所がある」と簡単に納得してしまいます。

つまり、ここでは短所が長所を強める役割を果たしているのです。

この現象は高学歴者に限ったことではありません。車ならこの人、パソコンならこの人というように、ある特定の分野の情報に精通している人がいますが、そういう人ほど、意外なくらいコロリとセールストークに乗っかって、こちらから見れば疑わしいような買い物をしてしまいがちなものです。

そういうとき、その人が百パーセント〝いいことづくめ〟だと思って買うことは、きわめて稀と見ていいでしょう。長所も短所も考え合わせたうえで、つまりある程度の欠点は承知の上で買うことが多いのではないでしょうか。

これも、「自分はこの分野にはちょっとうるさい」という自負があり、よし悪しの判断にも自信があるからこそ、ありがちなことだと言えます。マイナス情報を明かされることによって自負心が満足し、その反動でとたんに無防備になってしまうのです。

褒められると逆に失敗してしまう

「ビギナーズラック」という言葉があります。あることを、何のコツも知らずに初めてやってみたときに、たまたまうまくいってしまうという意味です。

でも、不思議なことに、それで味をしめて二回、三回とつづけてやってみると、たいていは、だんだんうまくいかなくなってしまいます。じつは、ここがほんとうのスタートラインなのです。それから地道に練習をつづければ、今度は自分で自在に操れるワザを習得していくことでしょう。

これを心理学的に見てみると、ビギナーズラックの段階は、何の虚栄心もなく無意識にやってみている状態と言えます。初めてなのですから、誰に対しても競争心はありませんし、ほんの気の弾みでやってみているようなものです。

じつのところ、こうした「無意識」の状態こそが、ビギナーズラックを生み出していると言っていいでしょう。

というのも、二回、三回とつづけるとむしろ腕が落ちてしまうのは、つづけるうちにだんだん無意識ではいられなくなり、「うまくいくように」と頭の中で計算し始めてしまうからです。言い換えれば、無意識でやっていたことを意識的にやろうとし始めるために、次第にうまくいかなくなってしまうというわけです。

昔、ムカデは「百足」と書くように無数の脚を上手に動かして歩いているが、その動きを自分で意識したら、どうなるだろう、と想像した詩人がいました。おそらく、脚の動きを意識するや否や、ムカデにとって歩くという行為が、この上なく難しく、苦痛をともなうものになるに違いありません。

私たち人間にしても、たとえば、いつも無意識のうちに書いている漢字の偏やつくりを、ふとしたはずみで意識してしまうと、とたんに書けなくなってしまうものです。

習いごとなどで思わぬところを褒められ、気をよくしたものの、それ以降どうも勝手が違ってきてしまった、というような経験は誰にでもあるのではないでしょうか。これも、要するに、褒められたことでなかば無意識的にやっていたことが意識化され、「同じようにやらなければ」という緊張が高まるために起こることなのです。

最近、潜在意識がふたたびブームになってきているようですが、無意識の力とは、かくも強いものだということはたしかと言えるでしょう。

第3章

気持ち次第で変わる人間のやる気心理

人間がやる気になる心理メカニズム

■大きな目標の前に達成可能な小さな目標があると、やる気になる

小学生に、一年かかってやっと終わるような分厚い問題集を与えて、「毎日三ページずつやりなさい」と言ったらどうでしょう。よほど好きな科目ならともかく、たいていの子どもは「これ、全部やるの?」と目をむいてそっぽを向いてしまうことでしょう。

そこで一日分の数枚の問題だけを与えて、「今日はこれだけやればいいよ」と言えば、丸ごと一冊渡すより、ずっと早く問題に取りかかる気持ちになるはずです。

いきなり高い目標をドンと目の前に出されると、その大きさに圧倒されて、そんなたいへんなことできるわけがないと、ひるんでしまいがちです。しかし、すこし努力すれば簡単にできるような小さな課題を示されると、「このくらいならわけないさ」とやる気を起こすのが、人の心理というものなのです。

小中学生の通信添削講座が、一年分まとめたりせずに、わざわざ毎月一ヵ月ごとに教材を送ってくるのも、学習教室が、毎回そのつど数枚ずつプリントを配るのも、こうした人の心理を突いて、子どもを「その気」にさせるためでしょう。

遠い最終目標を課されるより、まず、短時間で達成可能な下位目標を与えられたほうが、人は「ようし、やろう」という気になるのです。目標までの心理的距離が短ければ短いほど、精神的負担が軽く、気楽に始められるからです。

ある企業では、新入社員研修に、四〇キロの山道を、制限時間を設けて歩かせているそうです。途中のポイント地点に研修担当者が道案内に立っているのですが、こういった人の心理をよくわきまえている賢い担当者は、うまく新入社員をその気にさせ、けっして脱落させません。

「速くしないとタイムアウトだぞ」とどなるだけでは、研修生の士気は上がらず、落伍者が続出するのは当然でしょう。そこで「あの峠を越えたら、六割がた終わりだ。もうひと踏ん張りだぞ」と目に見える目標を示せば、新入社員たちは疲れも忘れ、また発奮できるわけです。

いきなり高い目標を与えられ、ひたすら「がんばれ」と叱咤激励されつづけるより、「明日までにここまで」というような、近い将来の目標を示されたほうが奮い立つ。人の心とは、日々たしかな手ごたえを感じながらのほうが、やる気を持続させられるものなのです。

■「惜しかった!」とわかると発奮する

　ある私立中学校の話を聞いて、受験生思いのいい学校だと感心したことがあります。その学校では、入学試験の合格発表の後、不合格だった子どもに、本人が希望すれば、合格点にあと何点足りなかったのかを知らせているというのです。

　じつは、私自身、入学試験の合格判定を出す立場にあったころがありますが、受験シーズンは、私にとってとても憂鬱な時期でした。

　多くの受験生の中には、ほんのわずかな点差で不合格になってしまう人も少なくありません。そういう答案に出会うたびに、「惜しかった、あとほんのすこしだったんだ」と言ってあげられたら、どんなに彼らのためになるだろうと、つらく思ったものです。

　受験生というのは、たいてい、志望大学をいくつも受けます。だから、一つの大学に不合格になっても、仮にたった一点足りずに不合格になったと知らされれば、不必要な劣等感にさいなまれることなく、「今回は失敗したけど次はがんばろう」という気になれることでしょう。

失敗は失敗でも、何がどうダメだったのか、あとどれくらいがんばればよかったのかといったことが、わかるのとわからないのとでは、その後のやる気がまったく違ってきます。とくに、成功までほんのわずかだった場合は、悔しさもひとしおでしょうが、その分、次にかける熱意もメラメラと燃え上がることでしょう。

仕事でも、ただ闇雲に業績を上げろ、もっと売れとハッパをかけられたのでは、士気は萎えるばかりです。それより、一人ひとりが、つねに営業成績を知らされたほうが、モチベーションも上がるというものです。あといくつ売れば社内の目標達成に貢献できる、あと何ポイントアップすれば、昇給の対象となるというように、自分の状況が具体的なかたちでイメージできれば、やる気が出るのです。

このように、試験にしても仕事にしても、結果や途中経過を知らされれば、具体的な改善点を見出す材料ともできますし、何より「今度こそ成功してみせる」と自分を奮い立たせる、よすがにできるわけです。

前項で、小さな目標を与えられるとやる気が持続すると述べたのと同様、暗中模索の状態であるほど、気持ちも萎えがちなのが人の心というものなのでしょう。つねに自分の立ち位置を確認しながらのほうが、人は、前進する意欲を高く保てるのです。

■「ダメな日は何をしてもダメ」にあらわれる人間心理

「私って、ほとほと男運がないのよね」と嘆く女性がいます。はたから見ても、性格は明るく朗らかで、気立てもよく、容姿だって捨てたものでないのに、なぜか、恋をしては振られ、誰かと付き合い始めたかと思うと、いつの間にか破局を迎えているという女性は、みなさんの周りにもけっこういるのではないでしょうか。

こういう人は、恋愛がうまく進行しているときでも、いや、むしろ幸せな気分に浸っているときこそ、心の片隅で、この幸せがいつまでもつづいてくれるだろうか、またうまくいかないのではないかという不安に、ふと襲われることがあるのかもしれません。

今度こそ、恋を成就させたいと願う反面、またダメなのではないかという自己暗示に陥り、ひいては、うまくいかなくても仕方がない、どうせそういう運命なんだと、自分に縛りをかけてしまうのです。

一度結婚に失敗しても、性懲りもなく二度、三度と結婚しては離婚する人の場合も、「やっぱりな」と諦めてしまう緩みが心のどこかにあって、パートナーと折り合いをつけて結婚生活を維持していこうという、踏ん張りが利かないせいなのでしょう。

そんな人生を左右するような自己暗示でなくても、ダメなときは何をやってもダメ、という思いをしたことは、誰にでもあることと思います。

朝、コーヒーをこぼして白いシャツにシミをつけるわ、出がけになぜかカギがなかなか見つからず、すんでのところでいつもの電車を逃すわ、となれば、「二度あることは三度ある」で、また何か悪いことが起こりそうな気がしてきます。そうすると、ほんとうにツイていないことがつづいてしまうのだから、不思議なものです。

なんとか遅刻はせずに会社にたどり着きはしたものの、つまらないミスを連発し上司に怒られる、ようやく仕事を終え、恋人とのデートで今日の重い気分とおさらばしようと思っていたのに、ささいなことでケンカしてしまう……といった具合です。

こうして、「もうたくさんだ、やめてくれ」と思いながらも、吸い寄せられるように運が悪いほうに傾いてしまうのも、一つには、気持ちのどこかで「今日の運勢は最悪だ。何が起こっても仕方がない」という意識が働いてしまっているからです。

そういう悪循環から抜け出せない袋小路に自分を追い込んでしまうところも、人の心の不可思議さと言えるでしょう。

■周囲に認められていると思うと、やる気が出る

『窓ぎわのトットちゃん』は、黒柳徹子さんの半世紀をつづった作品として知られ、七〇〇万部のロングセラーをほこる作品です。

トットちゃんは、好奇心からいろいろなことをしでかす、いわば「嵐を呼ぶ少女」でした。そんな彼女に、学校の校長先生は、いつも「君は、ほんとうはいい子なんだよ」と声をかけます。そして、ことあるごとに発せられるこの言葉にトットちゃんは励まされ、たとえ人に叱られても、「私は、いい子なんだ」と自信を取り戻すのです。

こうして「君はほんとうはいい子なんだ」と言われつづけた少女は、やがて立派に成長し、みなさんもご存知のとおり、女優として、ユニセフ親善大使として、大活躍する人になりました。

実際、黒柳さんは『窓ぎわのトットちゃん』の「あとがき」に、この校長先生がいなかったら、自分は「悪い子」のレッテルを貼られ、コンプレックスにとらわれて、どうしていいかわからないまま大人になっていたに違いないと記しています。

まさに黒柳さんの一生を決定したと言ってもいいほど、校長先生の「君はほんとうはいい子なんだ」の一言は重要だったということでしょう。

周りに理解され認められているという感覚は、人にとってひじょうに大切なものです。どんなにうまくいかず、劣等感にさいなまれていても、周囲が、あるいは、たとえたった一人でも、自分を認めてくれる人がいれば、その人は何度でも立ち上がることができます。

反対に、いくら隠れた才能を持っている人でも、周囲から邪魔者扱い、無能扱いされれば、そのうちにほんとうに無能化してしまうものなのです。

それは、かつてよく耳にした、「窓ぎわ族」や「肩たたき」というイヤな言葉を思い出してみても明らかでしょう。

定年間近の社員を職場の隅に追いやって、仕事や活躍の場を与えずにいれば、どんな優秀な人であっても意欲を失い、すっかりしょぼくれて、バリバリ仕事をしていた働き盛りのころの面影は、みじんもなくなってしまいます。

このように、自分のことであるにも関わらず、能力を発揮できるかどうかでは周囲の扱いに多分に左右されてしまうのが、人の心です。人は本来的に、どこかで周囲の承認を求めながら生きているものなのです。

■それ「らしく」振る舞っていると、それ「自体」に近づく

アテネオリンピックの野球日本代表チームで、長嶋茂雄監督の代行を務めた中畑清ヘッドコーチは、現役新人時代、長嶋監督に「調子はどうだ」と聞かれて「まあまあです」と答えたところ、「まあまあでどうする。いつも『絶好調』と言え！」と叱られたことがあるそうです。

以後、中畑氏はこの監督の言葉を忠実に守って、どんなに調子が振るわないときでも、つねに「絶好調!!」と、元気に声を張り上げるようになったのですが、そうして努めていつも快活に振る舞うようにしているうちに、不思議な変化があらわれ始めました。

次第にチームを盛り上げるムードメーカーとして存在感を強めていった中畑氏は、やがて先発メンバーの常連になり、ついには巨人軍の四番打者を務めるまでに成長したのです。

とても何年もベンチ待機に甘んじていた人とは思えない活躍ぶりを見せ、引退するときは特集番組が何本も組まれるほど惜しまれたのは、ご記憶の方も多いことでしょう。

これは、中畑氏がとりわけ単純な性格だったということではありません。人間というの

は、本質的にとても暗示にかかりやすくできています。「できる」「大丈夫だ」と、自分に思い込ませ、それ「らしく」行動していれば、現実に「できる」ようになっていくことも多いのです。

反対に、「私はモテない」と溜め息ばかりついている女性はモテないし、「俺はアイツには絶対勝てない」と思っていれば、勝負は最初からついているようなものです。「きっと無理だ」と思い込んでいる受験生は失敗しやすいし、「俺はうだつの上がらないダメ男だ」と諦めているサラリーマンは、けっして出世できません。

わが国初の本格的な精神療法として知られる「森田療法」でも、こうした心理メカニズムが利用されています。

重大な悩みを抱え、精神を病んでしまっている人でも、明るく接していれば、次第に明るい表情を見せるものですし、健康らしく振る舞えば、次第にほんとうに健康になってくるといいます。もちろん、途方もない根気を要する、たいへんな療法ですが、その成果は確実にあらわれるそうなのです。

気の持ち方次第で、よくも悪くも、人生は変わります。つまり、今の自分をつくっているのは、能力や運命以上に自分自身の心であるといっても過言ではありません。

緊張しているときに鏡を見ると落ち着く

極度に緊張したり腹を立てたりすると、カーッと頭に血が上って冷静にものを考えられなくなるものですが、ふとしたことで不思議と冷静さを取り戻せることも、多いのではないでしょうか。

そういうとき、人は、意識的と無意識的とに関わらず、何らかのかたちで自分を客観視しているものです。たとえば、何かひじょうに腹の立つことがあったときは、日記にその感情をぶつけたり、絵や音楽で自分の気持ちを表現するといったことです。

これには、単にストレスを発散させるという効果もありますが、同時に、感情を高まらせている自分を客観視することで冷静さを取り戻すという効果も、多分にあるのです。

ボクシングの元スーパーフェザー級東洋太平洋チャンピオン・三谷大和氏も、一日の終わりにかならず日記をつけていたといいます。

トレーニング内容だけでなく、その日の心理状態も書きつづり、日記の中でときには自分を励まし、ときには叱咤し、またときにはそれを読み返すことで自分の心情を冷静に見つめ、落ち込んだ気分から立ち直るきっかけとしていたそうです。

私なども、職場の人間関係などに悩む人に、日記をつけるようにアドバイスすることがあります。書くだけで気持ちが落ち着くこともありますし、数日後に読み直すことで、こんなささいなことでくよくよしていたのかと思い直すことも、多々あるからです。

このように、自分の気持ちをアウトプットすることで、一歩離れたところから自分を見つめられるようになり、気の持ち方を切り替えることができるわけです。

中でも、もっとも手軽でよく見られるのは、鏡を見るという行動ではないでしょうか。スピーチやプレゼンテーションの直前にトイレに駆け込んだときに、手を洗いながら鏡をじっと見つめると、不思議と緊張が収まるものです。スポーツ選手なども、試合の前に鏡を見つめる人が多いといいます。

自分のことは自分が一番よくわかっているつもりでいて、じつは一番見えにくいものです。感情や思い込みにとらわれて、ほんとうの自分を見失ったり、自分を歪めて見ていたりするからでしょう。鏡に映った自分を観察したり、日記を読み返したりすることで、気づかなかった自分の真の姿を発見できるのは、そうすることで主観の中の自分を冷静に客観視できるからなのです。

■緊張しているときは、反復動作で気を静めようとする

会議中、とくに会議が長引いたり、自分のプレゼンテーションの番が近づいたりしたときに、貧乏ゆすりをする人をよく見かけます。イライラ感や極度の緊張状態から、無意識のうちに足が動いてしまうのです。しきりに足をカタカタと動かすのは、いかにも神経質に見えるので、人によっては眉をひそめるしぐさでしょう。

しかし、貧乏ゆすりは、運動生理学的にも神経生理学的にも、ひじょうに理にかなった行為なのです。

イライラや緊張で交感神経が刺激されると、心拍数が増します。そこで心臓の負担を軽減するために、心臓から遠い脚の血流を活発にしようと自然と脚が小刻みに震えるのが、貧乏ゆすりなのです。

また、リズミカルな刺激には、脳をリラックスさせ、緊張やストレスをやわらげてくれるという効果もあります。

貧乏ゆすりだけでなく、たとえば商人が客に取り入ろうと「もみ手」をするのも、受験

生が試験前に、緊張をやわらげ、心を静めるために手足を広げて大きく伸びをするのも、まったく同じ生理現象です。

また、先日、テレビの報道バラエティ番組で、ある外国のコメンテーターの男性がテーブルの上で両手の指を交互に組み、二本の親指をずっと動かしながらしゃべっているのに気づきましたが、これは間違いなく「貧乏ゆすり」の改良型です。

このように、筋肉の適度な繰り返し運動には、神経の緊張を解きほぐす働きがあります。無意識のうちに、こうした反復動作で心のバランスを取ろうとするのですから、人の心と体の連携体制というのは、なんともうまくできているものです。

生命の神秘といったら大げさかもしれませんが、ともかく、不思議な面白さを感じさせます。

もちろん、緊張を鎮めたいときに、これを意識的に行なうことも可能でしょう。

たとえば私は、結婚披露宴や会議のスピーチにのぞむ人には、ライターやハンカチなど、手に何かもてあそぶものを持って立つようにすすめています。話をしているあいだ、それを使って意識的に手を動かすようにすれば、カーッとのぼせ上がって、頭の中が真っ白になるのを防ぐことができるからです。

■落ち込むときは徹底的に落ち込んだほうが、やる気の回復も早い

失敗や失恋などで落ち込んだときには、その気分を吹き飛ばすようなことをして元気を取り戻そうとすることは多いと思います。陽気に騒げば、鬱憤や悲しみをきれいさっぱり忘れられるように感じるものです。

だから、人は落ち込んだとき、大音量で景気のいい音楽を聴いたり、あるいは気の置けない友だちを誘い出し、盛り場へ繰り出して朝まで飲み明かしたり、歌い明かしたり、踊り明かしたりすることが多いのでしょう。

たしかに、それはそれで効果的なこともあると思います。人の心は綱引きをしているようなものですから、落ち込んでいるときに思い切り楽しい音楽を聴けば、すこしは気も晴れるのかもしれませんし、友だちと騒いで失敗や失恋の痛手を束の間でも忘れたことで、前向きな気分を取り戻せることもあるのでしょう。

でも反対に、陽気な場所にいればいるほど、さらに落ち込んでしまう場合が多々あることも、また事実ではないでしょうか。周囲の明るい雰囲気とは裏腹にどんよりと曇った自

分の心がむしょうに悲しく思え、「人はこんなに幸せそうなのに、どうして自分だけ……」と、よけいに気がふさいでしまうのです。

じつのところ、心理学では、神経が緊張しているときは急激に静めようとするよりも、一度さらに緊張させてから、徐々に沈静させるほうが効果的であることがわかっています。

この心理メカニズムを「同質の心理」と名づけたアメリカの心理学者、アルトシュトラーは、悲しみに打ちひしがれた人には、それに輪をかけた悲しい音楽を聴かせ、それから次第に華やかな音楽に移るほうが悲しみを癒すのに効果があることを、数々の実験で立証しています。

つまり今の話で言えば、落ち込んだ直後に努めて陽気に振る舞うよりは、いったん徹底的に落ち込み、そこから徐々に楽しく過ごすようにしたほうが、やる気を取り戻すのには効果的だということです。

それは、「私ってかわいそう」「オレはダメな奴だ」という気分にどっぷり浸ると、誰もが多少なりとも持ち合わせているナルシシスティックな面が満足するからでしょう。落ちるところまで落ちたら、あとは上るしかありません。人の心は、一度どん底まで落ち込むことで、立ち直るバネを得ているのです。

第4章

自信がないときほどこうなる人間の劣等心理

自分にマイナスイメージが出たときに働く心理メカニズム

■腕に自信が持てないときほど、難しさを強調してしまう

たとえば、ある会社員が、予想以上に自分の仕事が立て込んできてしまったので、同僚にちょっとした仕事を頼んだとしましょう。気軽に引き受けてくれると思ったのに、相手の反応は芳しくありません。苦い顔をして、「じつは今、専務から厄介な仕事も頼まれていてね……」と、渋っています。

そこで仕方ないと諦めかけると「ま、なんとか都合をつけてやっておくよ」と、心なしか胸を張って言うので、結局、感謝しながら頼んだとします。しかし、後から、彼が専務から頼まれていた仕事というのが、ある顧客に電話してアポイントを取るという程度の、それほど大したことではなかったとわかったとしましょう。

つまり、彼は同僚からの頼みを引き受けられる状態だったのに、なぜか渋ったということです。

このように、ちょっとした頼みごとを引き受けるときに、軽く快く引き受ける人と、あれこれと難癖をつけた上でようやく引き受ける人がいます。

そこには、数々の原因が考えられるでしょう。彼が怠け者で、たとえちょっとしたことでも仕事を増やしたくなかったのかもしれませんし、ただ単に、相手のことがあまり好きではなかったのかもしれません。あるいは、たっぷりと恩を売っておいてあとで返してもらおうという算段が働いていた可能性もあります。

どれも考えられますが、もう一つ考えられるのが、自信のなさの裏返しの反応だったということです。つまり、仕事に対する自信のなさゆえに、もったいぶった引き受け方をすることで自分を大きく見せ、高く売りつけたいという心理が働くことも、よくあるのです。

万一、相手の納得いかない結果が出ても、引き受ける前に「忙しい合間を縫ってやる」「想像以上に難しいこと」などと印象づけておけば、相手も仕方ないと思ってくれるかもしれません。要するに、仕事をきちんとやり遂げる自信がないために、いわば「逃げ道」をつくっているわけです。

仕事に苦戦し、自信を失いかけているときに、「また電話でさんざんゴネられたよ。このクライアントは、細かいことにうるさいから難しいんだよな」などと、周囲にボヤいてしまう場合も、こうした心理のあらわれと取ることもできるわけです。

■「どうせダメだ」でほんとうにダメだったときのショックをやわらげようとする——◉

入学試験や就職試験などの出来が思わしくなかったときほど、人は「ああ、もうダメだ、絶対に落ちた」と思ってしまうものです。

それには、「あまりできなかった」という自分の実感から導かれた、当然の予想という一面もあるのでしょう。しかし、自己採点で八十点くらいと予測できても、「まあ、七十点くらいだろう」と自分に言い聞かせるなどして過剰にダメだと信じ込むあたりには、自分を守りたいという、心の根本原理が垣間見えます。

人の心とは、ことごとく自分を守るように、満足させるようにできているものだと思います。本書で取り上げる心の動きも、じつのところ、自己防衛をしたいがために起こる不可思議な心理メカニズムか、あるいは、そういう機能がふと緩み、思わぬ落とし穴にはまってしまうときの心の不可思議さをあらわすものが大半を占めています。

たとえば最初の「つい○○してしまう……」は後者のいい例ですし、強すぎる思いが生み出す逆転現象は、前者の好例と言えるでしょう。

ここで言う、ダメだと信じ込む心理にも強い自己防衛反応が見られます。つまり、自分が意識するとしないとに関わらず、自分の失望をなるべく大きくしないようにという心理トリックを、自分で抱えているというわけです。

このように、人間は、自分がこうあってほしいという期待に対して不安があるとき、「どうせダメだ」と、自分の出来を自分で低く見積もり、もしかしたら現実になるかもしれないショックに対して、クッションを用意しがちなのです。

これがさらに重症になると、結果を低く見積もるばかりか、実際にやってみもしないうちから「きっとダメに違いない」と構えて臨んでしまいます。それが一種の自己暗示のようになり、ほんとうの実力を発揮できなくなってしまうことも少なくありません。

こうして、何事も後ろ向きに弱気に構えている人ほど、失敗を繰り返すという、いわばマイナス思考の悪循環が起きてしまうのですが、その根本には、今説明したような自己防衛機能が働いているというわけです。

人の心が自分を守ろうとしている以上、ショックに対してクッションを用意してしまうのは、ある程度は仕方ないのかもしれませんが、できるだけ何事に対しても前向きに構えていたいものです。

■不安なときほど断言してしまう

たった今、自信がないときほど「ダメだ」と思い込もうとするという話をしました。しかし反対に、自信がないときほど自信を持って「間違いない」と断言してしまうこともあるのが、人の心の不可思議さです。

聞くところによると、ヤクルトスワローズの監督時代、野村克也氏はピッチャーが不安そうな表情をしたとき、かならず、ズバリ外角へ、あるいは内角へ投げるよう指示したそうです。というのも、そこで「内角球は危ない」などというあいまいなアドバイスを与えると、十中八九、失敗するからとのことでした。

このエピソードは、断定的な言い方ほど人を暗示にかけやすいということを、端的にあらわしています。

一発逆転といった大ピンチのとき、ピッチャーの心は不安でいっぱいです。そういうときほど、あいまいなアドバイスより、ズバリ断定的な一言のほうが、ピンチを救うということです。

断定的な言い方が人を暗示にかけるという点で似たような例は、「絶対にお買い得」、「これほどの性能はほかにない」という断言調のセールストークです。これも、商品の欠点を隠して強気を装うことで、客を一種の暗示にかけようとしているとも言えるのです。

このように、人はズバリ言われると暗示にかかりやすいわけですが、それは、自分に対しても同じことが言えます。

つまり、不安なときほど断定的な言い方をすることで、自分に暗示をかけようとするのです。

たとえば、重大な問題を最後まで解決したという確信が持てないときほど「それは、もう解決したんだ」と断言したり、ほんとうは彼の本心がわからなくて不安なのに「彼の気持ちはわかっている」と断言したりといったことが、挙げられるでしょう。

覚えのある人も多いのではないでしょうか。

このように、希望的観測をあえて断言することで「大丈夫だ」と自分に言い聞かせ、不安を取り除こうとするのもまた、人にはよくあることなのです。これも、一種の自己防衛機能ということでしょう。

■強い劣等感を抱いているときほど言葉や動作が大げさになる

一般に、子どもが急にぐずったり、暴力的に振る舞ったりしたときは、心の奥に「もっと愛されたい」といった切実な願いを持っていると考えられています。

いうまでもなく、両親から愛されているという実感があれば、エネルギーを使って自分をアピールする必要はありません。自分は家族の一員として存在しているという揺るぎない自信があるのですから、そんなことをするまでもないのです。

ところが、愛されているという実感がないと、子どもは、なかば追い立てられるように自分をアピールしようとします。

今は、我慢ができない子どもが異常に増えているという背景もあるので、一概には言えませんが、学校で友だちをいじめる、授業態度が悪いなどの問題行動が見られる子どもが、そうすることで親の関心を引こうとしている可能性は高いのです。

両親の愛情は、子どもにとって必須条件ですから、それが感じられないと、子どもは人格を否定されたような強い劣等意識を持ちます。だからこそ、必死になって自分の存在をアピールしようとするわけです。

このように強い劣等感が問題行動というかたちで表出するのは、子どもだけに限った話ではありません。ただし、大人の場合は問題行動と言うより、大げさな言動と言ったほうが、より的確かもしれません。

たとえば本命の入試や就職試験のあとに大声を立てたり、やたらとはしゃぎまわったりする学生は、その好例でしょう。よほど自信があるのならともかく、ちょっとでも不安なところがあれば、自信を失い、ひいては劣等意識にさいなまれてしまうものです。

その緊張状態を無意識に解放しようとする心理メカニズムが働いた結果、今言ったような大げさな素振りを見せるわけです。

あるいは、何も入試や就職試験のように人生を左右するような大勝負でなくとも、普段から動作がやたら大きい人や、しょっちゅうハメを外している人は、けっこういるのではないでしょうか。そういう人ほど、何らかの劣等感やどこかしら屈折した心の持ち主であることは、少なくありません。

このように、人は劣等感を抱いていると、言葉や動作を荒々しくすることで心のバランスを回復しようとするものなのです。

∷どんなにスキのない理屈でも、自分が納得していないと挙動不審になる――◉

真偽は定かではないものの、女形を務める歌舞伎役者は、次の舞台の稽古が始まると、実生活でも女性のように振る舞い始めるとよく聞きます。もしほんとうならば、ひじょうに理にかなった話だと思います。

本来は男である人が、ある種、本物の女性以上の女らしさや艶っぽい色気をかもし出すのは、そうして実生活まで女性のように過ごすことで、女を演じる自分を、まずは自分に納得させているからにほかならないということになるでしょう。

与えられた女としての演技を観客に納得させるためには、まず、自分で自分を女だと納得させる。この歌舞伎役者の例と同じように、何事においても、誰かに何かを説得するときには、前提として自分自身が納得している必要があります。

たとえば、有能なセールスマンは、けっして多くを語りません。しかし、いったん口を開けば、自信に満ちた一言一言がつむぎだされ、相手を納得させずにはおかない迫力を持つものです。

それは人を説得する前に、自分自身を説得した裏づけがあるからです。おそらく、疑問に感じるところはすべて検証し、納得ずみだからこそ、誰に対しても自信を持って説明することができるのです。

反対に、どんなにスキのない理屈でも、何より自分が納得していなければ上手に人に説明することなどできません。たとえ説得のセリフがすべて書かれたカンニングペーパーがあったとしても、言葉はどこか迫力がなく、空をさまようだけでしょう。

実際、講演や執筆の依頼内容を、新米と思しき若者が説明してくれることがありますが、彼らがほんとうに趣旨を理解し、賛同して話しているのか、それとも上司に言われたことをオウム返しにしているだけなのか、すこし聞いただけですぐにわかります。

それは、話している本人が疑問や不満を感じており、説得する自信もなければ、いくら隠そうと思っても言外にそこはかとなく漂ってしまうものだからです。反対に、もしほんとうに趣旨を理解し、実現させたいと願っていれば、目は輝き、言葉も自信に満ちあふれることでしょう。

このように、自信の有無が、言葉に説得力を持たせたり、失わせたりもするのです。ここにも、人の心の影響力の強さがうかがわれます。

■■相手に負い目があると、無意識のうちに一定の距離を保つようになる――◉

どんな心理状態もそうですが、とりわけ心理的な負い目は、思わぬところにあらわれやすいものです。信じがたいかもしれませんが、それは相手に対するポジションの取り方、たとえば座り方一つにもあらわれるものなのです。

これはたびたび登場しているエピソードですが、私は、ある二組のカップルの、それぞれの関係を一発で見抜いたことがあります。

その二組のカップルは、相前後して私のところに結婚の相談に訪れました。その時点で私が知っていたのは双方の男性のほうだけで、女性については、初対面かそれに近い関係でしかありませんでした。

ところが、どちらのカップルの関係についても、彼らが我が家に訪れ、応接室のソファに腰かけたとたんに、私にはピンとくるものがあったのです。

一方のカップルは、女性のほうが何か問題を抱えており、男性に対して負い目を感じているように見えました。もう一方のカップルは、男性もさることながら、女性がなかなかのやり手であることが、それとなく見て取れたのです。

実際のところどうだったかといえば、後で知ったところによると、前者のカップルには渋る彼に女性のほうから結婚を迫ったといういきさつがあり、一方、後者のカップルの場合は、二人とも同じ職場で働いており、しかも女性のほうが一、二年先輩で、社内でもかなりできる人として頼られる存在とのことでした。

手前味噌ですが、どちらも、私の見方にたがわない関係だったということです。

こう言うと、胡散臭い占いのように聞こえるかもしれませんが、もちろん、そうではありません。私は、ある心理学的な着眼点に気づかされただけなのです。

一見したところ、どちらの娘さんも人懐っこく、快活そうな人柄でした。ただ一つ違っていたのは、彼女たちがそれぞれ相手に対して座った、その席の取り方です。前の女性が、長いソファの端に、ちょこんとやや斜めに男性を見る姿勢で座ったのに対し、後の女性は、男性の肩に触れるくらいの位置に並んで座っていました。

じつは、こうした物理的な距離が、そのまま相手に対する心理的距離のあらわれとなっていることは多いのです。ほんのささいな着眼点でも、これが、私がそれぞれのカップルの関係を見抜くポイントになったというわけです。

■相手に対する自信の深さと腰かける深さは比例する

前項で、二組のカップルのうち、男性に対して負い目を感じていたほうの女性は、ソファの端にちょこんと座り、ちょうど男性を斜めから眺めるかたちで座ったといいました。彼女が男性に負い目を感じていると私が見たのも、男性から距離を取った座り方に気がついたからですが、そこにもうひとつ付け加えるならば、「ちょこんと腰かけた」という部分も、心理学的には注目に値します。自信の有無と座り方の関係性という視点から考えてみると、自信の深さと腰かける深さは明確に比例するからです。

人間にとって、もっとも活動に適したふつうの状態は、立っている状態です。逆に、座った状態は、行動に制約を与えられている状態と言えるでしょう。ですから、座るときも、基本的にはすぐに立てる姿勢を前提にするものです。椅子に浅く腰かけた状態は、その一例です。緊張感が高く、いつでも行動に移れる姿勢を取るというわけです。

心理学では、このように気が張った状態を、「覚醒水準（arousal level）」が高いと呼びますが、リラックスしてくると、この「覚醒水準」が低下してきます。そして、ゆったりと深く腰かけ、足を投げ出します。こうなると、もはやすぐに立てる状態とは言えません。

　これを動物行動学的に考えてみると、自信の有無と座る深さの相関関係が見えてくるのです。

　たとえば、シマウマのような草食動物は、いつ何時も敵の襲撃に備え、即行動に移せる姿勢をつねに保っています。一方、ライオンのような肉食動物は、そもそも自分を狙う天敵がいませんからいつも木の下に寝そべり、のんきに昼寝などしています。

　つまり、つねに神経を尖らせているシマウマは「覚醒水準」が高く、日がな一日寝そべっているライオンは、覚醒水準が低いということです。これを人間に当てはめて考えれば、精神的に優位に立っているか、あるいは優位に立ちたいと願っている人ほど深く腰かけるものであり、精神的に劣位に立っている人ほど、浅く腰かけるものだと言えるのです。

　ひいては、浅く腰掛けるシマウマ型の人ほど、相手に恭順の意をあらわしたり、相手の話に対する興味を無意識のうちに表現しようとしていると言うこともできるでしょう。

　取引相手や尊敬する先生の話を聞くときほど、浅く身を乗り出すように腰かけるのも、こうした心理メカニズムが働いているからなのです。

■話に自信がないときほど、難しい言葉を使ってしまう

人はつねに、自分の言葉で話したり書いたりしていると思っていますが、じつはそうでもありません。じつのところ、誰でも無意識のうちに他人の言葉、ほかの世界の言葉を借用して、自分以上のものになろうとする自我拡大欲を持っているものなのです。

ということは、どんなところでどんなものを借用するかを逆にたどっていくことで、人の心の奥底を垣間見ることができるはずです。

たとえば、話しているときに難しい言葉や外国語をポンポン出す人がいます。あまり出しすぎるので戸惑ってしまった、あるいは反対に出しすぎて周囲を戸惑わせてしまったという経験のある人は、少なくないと思います。

じつは、こういうふうに難解な言葉や外国語を多用するときは、そうすることで言葉を、自分の心の弱点を守るバリアのように張りめぐらせようとしていることが多いのです。要するに、あえて難しい言葉を使うことで自分の自信のなさをカバーするとともに、話を聞いている人に深く突っ込まれるのを防いでいるわけです。

難しい言葉を使うと、かえって意味を問う質問が集中しそうなものですが、意外とそうはなりません。おそらく、その言葉が当然のように使われているので、ひょっとしたら知らないのは自分だけで、みんなは理解しているのかもしれないと質問するのをためらってしまうのでしょう。これも、人の心の不可思議さの一面と言えるのかもしれません。

別に大したことでなくても、外国語で言われるとなんとなく偉大なことのように思えたり、意味があいまいでもまかり通ったりしてしまうのですから、不思議なものです。とくに日本人にはいまだに欧米コンプレックスが根強く残っており、問題視されるほどカタカナ語が氾濫しているということも一因なのかもしれません。

実際、講演していて思うことですが、聴衆の質問というのは、かならず話の中のやさしい部分に集中するものです。だから、きちんと説明する自信がなく、質問を避けたいと思っている人ほど、難しい言葉をやたらと並べ立てるのでしょう。

このように、難しい言葉や外国語を多く差しはさんで話すのは、言葉を盾に使ってコンプレックスを覆い隠している、つまり、自分の知的能力に対する劣等意識の裏返しにすぎないことが多いのです。

■揺るぎない自信が脅かされると出てしまうしぐさ

一九七二年、アメリカのニクソン元大統領がウォーターゲート事件で厳しく追及されていたころ、頬や顎など、顔の各部をしきりに撫でさするクセが目立ったことがありました。また、ウォーターゲート事件と同時期、日本では田中角栄元首相が金脈事件で窮地に立たされていましたが、そのときも、以降トレードマークとなった、あの顔の汗をしきりに拭うしぐさが見られました。

じつは、このように顔に手をやるしぐさは、弱点を指摘され、自信が脅かされるとつい出てしまうしぐさなのです。自分の弱さを無意識のうちにかばおうとするがゆえのことと言っていいでしょう。とくに自信家に多いのが特徴です。

顔は、なんといっても一番、人目につくところです。その人の「看板」と言ってもいいかもしれません。

そう思えば、中身の弱点を突かれて自信が脅かされたときに、まっさきに「看板」を守ろうとするのは、よくわかる話です。つまり、弱さをカバーしたいという心の動きが、顔をカバーするというクセにあらわれるわけです。たびたび頬づえをつくといったしぐさにも、同様の心理メカニズムがあると考えられます。

自信のなさがしぐさにあらわれるのは、顔だけではありません。下半身のしぐさからも、自信のなさをうかがい知ることができます。中でも代表的なのは、貧乏ゆすりでしょう。不安があるときや緊張しているとき、よく見られるクセです。

プロ野球の中継を見ていると、それがよくわかります。画面にベンチの模様が映し出されることがありますが、サヨナラ逆転負けの大ピンチのような緊迫した場面であるほど、上半身は試合の経過に注目してじっとダイヤモンドを見つめているのに、下半身は貧乏ゆすりのために激しく動いている選手が多いのです。

先にも述べたように、人の心というものは、たいていの場合、自分を守るために働くものです。自信が脅かされて不安や緊張感が積もり積もったときには、それを本人の無意識のうちに、何らかのかたちで発散させようとします。

しきりに顔に手をやったり、貧乏ゆすりをしたりといったしぐさは、そうした自己防衛機能の中でもとくに〝ポピュラー〟で、表にあらわれやすいものと言っていいでしょう。

■自分をデキない奴と思い込むほど、忙しさを演出してしまう――◉

大学で教鞭を執っていたころのことです。私のゼミにいた学生で、ゼミの時間に同級生たちがゾロゾロと教室に集まってくるのを見るや、おもむろに小難しそうな心理学の本を自分の脇に山と積み上げ始める男がいました。

その様子をいつも見ていた彼の同級生が、あるとき「お前、勉強不足で発表に自信がないから、これ見よがしに本を積むんだろう」と彼をからかったそうです。本を積み上げるのは、同級生はもとより教授である私にアピールするためだろうと指摘したわけです。

同級生にそう言われた男は、照れ笑いをしながら「そうなんだよね。つい虚勢張ろうとしてさ……」と答えたとのことです。

もちろん、ゼミで一番くらいの仲のいい者同士ですから、ほんのじゃれ合いのつもりで言ったのですが、さすがは私のゼミ生、なかなか鋭い点を突いているものだと感心しました。じつは、自信がない人ほど、ことさら忙しさを演出してしまうというのは、よく見られることなのです。

といっても、からかい半分とはいえ同級生の鋭い指摘を素直に認めたこの男は、それだけ心に余裕があり、自信がないと言いつつも、おそらく多少の自信は持ち合わせていたことだろうと思います。

心底、自信がない人に、そんな余裕はありません。「そんなことはない！」とむきになって反論することでしょう。会社員で考えれば、自分の自信のなさをかばうために、一生懸命、忙しいふりをして、ときには忙しいことを理由に厄介な仕事を同僚に押し付けてしまうものなのです。一見したところ仕事熱心で、いつも奮闘しているように見えますが、じつは大した仕事をしていなかったというのも、ままあることでしょう。

とくに会社のような組織では、能力がないとみなされれば自身の進退問題にも関わります。ですから、能力に自信がない場合は、それを人に悟られるのを極力避けることで〝身の安全〟を確保するしかないと、深層心理は判断するのです。

それが、ねじりはち巻きとまではいかなくても、デスクの上に書類をうずたかく積み上げたり、たびたび気合いの言葉を発したりといったかたちで表に出るわけです。こうして、自信のなさの裏返しとしてことさら忙しさを演出し、有能を装う。ここにも人の心のマカ不思議、というよりも涙ぐましいほどの努力が垣間見られます。

第5章

今泣いたカラスがもう笑う人間の転換心理

気持ちが180度変わってしまう心理メカニズム

■どんなに腹が立っても理解を示されると気が鎮まってしまう──●

ある事柄が、自分が期待する結果をともなわないとき、程度の差こそあれ、人はそのことに苛立ちを覚えるものです。

職場では、上司の言うことが理不尽だ、部下と意思の疎通がはかれないといった人間関係や、取引先が契約を履行しないといったことを腹立たしく思ったり、また、家庭では、家族間で意見の衝突が起きたり、使用中の家財品に不具合が生じたりといった思いもよらない出来事に腹を立てたりします。

問題が生じると、たいていの人は何らかのかたちでそれを解決しようとします。たとえば、約束を守らない相手には約束を守るよう促すし、製品に不具合が生じれば、メーカーに対してクレームを持ち込み、その対応を求めることでしょう。

このようなとき、相手の対応次第で、人の気持ちは大きく違ってくるものです。もし、相手が「こちらに落ち度はない」と頑なな態度であれば怒りは増長しますが、「ご迷惑をおかけして申し訳ございませんでした」と誠意ある対応をされれば気持ちはいくぶん落ち着くものです。

最近では、電気製品や食品などの消費財を扱うメーカーはもとより、デパートやスーパーなどの小売業、通信などの各種サービス業でも「クレーム受付窓口」を設置するところが増えています。そこでは、顧客に満足のいくサービスを提供するため、クレームに対する適切な事後処理が行なわれています。

クレーム処理の第一歩は、顧客の怒りを鎮めることです。係員は、まず低姿勢なお詫びをした上で、「おっしゃるとおりです」「ごもっともです」と言って相手に同調し、それから個々のトラブル対応をするように指導されています。

このように、いったん相手に同調した上で、自分の意見を述べる話法は「応酬話法」と呼ばれ、その効果は心理学的にも認められています。

人は、どんなに言い方が丁寧でも、自分の言い分を退けられると自分自身が否定されているように思い、相手に対して不快感を抱きます。

しかし逆に、自分の主張や態度を認めてくれれば、自分自身が尊重されていると感じ、相手に対する感情はまったく違うものになります。そうなれば、いつの間にか、相手への怒りのボルテージは下がってしまうものなのです。

話の腰を折られると、戦意喪失してしまう

ある営業マンが、今日こそは契約書にサインをもらおうと、勇んで取引先を訪ねたときのことです。

契約まであとひと押しという段階になって、取引先の担当者が急にそわそわしだし、「あれ、今何時かな？　あ、もうこんな時間だ。今日は、海外から大切なお客様をお迎えする日なんだよな……。どうしようかな。あっ、すみません。ところでお話はどこまでいきましたっけ？」と独り言を言いました。

この一言で、その場の空気は一変しました。話の腰を折られた営業マンは、修正不可能なその場のムードにすっかり戦意を喪失してしまい、用意した契約書にサインをもらえないまま、すごすごと会社へ帰りました。「今日こそ、長くつづいた商談に決着をつけよう」と意気込んでいただけに、その落胆は大きかったはずです。

このような場合、もともとその商談の相手が契約に乗り気でなかったと考えて間違いないでしょう。だから先方は、意識的だったのか無意識的だったのか、それは定かではあり

ませんが、自分に都合の悪い状況、不利な局面から逃れるため、意図的に相手の話の勢いをそごうとしたのです。

このように、真剣な話をしている最中にボソッと独り言を言う人や、まったく関係のない話題を持ち出して話を中断してしまう人は、けっこういるものです。

断りたくても断れない、あるいは、こちらの主張をなかなか受け入れてくれないというように、相手の〝押しが強い〟場合、人はなかなか自分の態度をはっきり示すことができません。そんなとき、この方法に訴える人が多いのです。

恋人に別れ話を切り出そうとしたら、間髪入れず、「来月は君の誕生日だよね。どこで食事をしようか？　プレゼントは何がいい？」と言われ、肝心の話ができなかったというのも同じ心理メカニズムが働いていると見ていいでしょう。

ちょっとした相手の言動によって、その場のムードが一変してしまうと、その流れを断ち切り、話をもとの自分のペースに戻すことは至難の技です。とくに「今日こそは！」という思い入れが強ければ強いほど、話をはぐらかされたときのダメージは大きく、戦意喪失したまま、「また今度でいいや」と弱気になってしまうものなのです。

パニックに陥ったときほど、のんびり対応されると鎮まる

犯罪や災害の発生などの予期せぬ出来事に遭遇すると、ほとんどの人は瞬時にパニック状態に陥ります。地震列島・日本に暮らす私たちは、地震が起こったときの対処法を心得ているつもりでも、いざそれが現実になると平常心ではいられないものです。

先の新潟中越地震の被災者の証言でもそれは明らかです。被災者たちが、「グラッときた直後、一瞬頭の中が真っ白になり、次に何をしたらいいのかわからなくなってしまった」と語っているのは、テレビや新聞で連日報道されていたとおりです。

被害状況を伝える際も、「しっかりしなくては」「落ち着かなくては」と自分に言い聞かせていてもしどろもどろになってしまい、そのときどのような説明をしたのか、あとになると思い出せないという話もよく聞きます。

このように平常心を失っているときに、せわしなく対応されたら、人はさらにパニックに陥ります。反対に、冷静に対応されれば、次第に落ち着きを取り戻すことでしょう。

一一〇番や一一九番の緊急通報を受ける係員も、きまって、ゆっくりした口調で通報者

に話しかけるものです。それは、相手を落ち着かせるためにほかなりません。

相手のパニック状態に飲まれてしまっては、状況把握は困難を極め、適切な対応ができないからです。

たとえば子どもが転んで頭部に大けがをし、血が噴き出している状態で慌てて一一九番通報している母親に、落ち着けというほうが無理な話です。だから、係員は努めて冷静に、いささかのんびりすぎるのではないかと思うくらいのスローペースで対応するのです。

パニックに陥っている通報者は、おそらく、最初はイライラすることでしょう。「一刻を争う非常事態なのよ！　わかってるの！」と、電話口の相手に食ってかかるかもしれません。

しかし、結果から考えれば、この対応の効果は抜群です。『救命病棟24時』というようなテレビ番組をよく目にしますが、当初パニック状態にあった通報者が次第に落ち着きを取り戻してゆく様子は、画面を通じて私たちにも伝わってきます。

いわば「綱引き」をしているとでも言いましょうか。このように、一つの感情が飛び出たときは、その正反対の態度で対応されると、ちょうどバランスを保てるものなのです。

■「もっともだ」と認められただけで、ほぼ満足してしまう――◉

スーパーマーケットの食品売場で買い物の途中、母親の後ろを歩いていた三歳の子どもが突然泣きだしたとしましょう。母親は慌てて駆け寄り、何が起こったのかを子どもに尋ねます。すると、陳列棚のちょっとした突起に足を取られ転倒したらしいことがわかりました。幸い、子どもにけがはなかったものの、そのズボンはざっくりと裂けていました。

怒った母親は、店側の責任を追及しようと店員を呼びつけました。そのとき、彼女の頭の中には、店の対応次第ではズボンを弁償させようという考えがあります。

ところが、呼び出されてやってきた男性は、「私、店長の○○と申します。このたびはご迷惑をおかけして申し訳ございません。お子様におけがはございませんでしたか?」と、頭を低くして名刺を差し出したのです。

息巻いていた母親も、この対応に怒りがスッと引いてしまいます。店長がズボンの弁償の件を持ち出しても丁重に辞退し、このままではほかの子どもがけがをすることも起こりうるとしてその陳列棚の改善を指摘するぐらいにとどめることでしょう。

その間、店長は低姿勢を崩さず、「お客様のおっしゃるとおりです。速やかにご指摘の点は改善いたします」と約束しました。もしここで、アルバイトの店員などが下手な対応をして、「お子さんが転んだのは店の責任ではない」などと言おうものなら、母親の怒りは頂点に達するに違いありません。

抗議を申し出るときに、相手がその非を認めなければ、こらしめてやろうという攻撃心が生まれます。しかし逆に、譲歩する姿勢を示されれば、「わかってくれればそれでいい」と相手を許そうとするものなのです。

レストランで注文したのと違うものが出された、購入した商品が不良品だったなどでクレームをつけたとき、相手の丁寧な対応を見て怒りが収まったという経験のある人も、多いのではないでしょうか。

こうした心の変化を、心理学的には「譲歩の心理メカニズム」と呼んでいます。

面白いことに、人間の「征服欲」と「獲得欲」はかならずしも一致していません。自分の主張が受け入れられたという「支配欲」が満たされれば、賠償金などを得る「獲得欲」は消え去ってしまうことが多いのです。人の心にとって、主張が認められたことで得られる満足感は、ときに、実利から得る満足感をしのぐものなのです。

「たしかにそうだ」と一度言われると、対立する意見も聞く気になる

二〇〇四年は、日本のプロ野球界に激震が走った年でした。近鉄バファローズとオリックスブルーウェーブの球団合併に始まり、新規参入球団の選定、そしてリーグ統合の問題など、プロ野球をめぐる話題にこと欠きませんでした。

中でも注目を集めたのは、IT関連企業の、球界への参入です。ライブドアの堀江社長に始まり、楽天・三木谷社長の参入合戦への参加、あるいは、ソフトバンク社のダイエー球団買収問題など、連日メディアを賑わせたのは記憶に新しいところです。

賛否両論渦巻いたこの問題も、「東北楽天ゴールデンイーグルス」の誕生、さらに、ソフトバンク社によるダイエーホークスの買収というかたちで終止符が打たれました。

ところで、ライブドアが球界への参入の名のりをあげたとき、前巨人軍オーナーの渡辺恒雄氏が「ベンチャーだか便所だかわからない」と、その困惑を露わに発した言葉は有名です。

ある人はこれに同調し、「歴史ある球界に、創立して間もない、先行きのわからないべ

ンチャー企業の参入なんて認めないぞ！」と言いました。

しかし、そこですかさずその友人が、「たしかにそうだ。君の気持ちはよくわかるよ」と言ったかと思うと、「だけど、これまでだってその時代に勢いのある企業が球団のオーナーになってきた。考えてみれば、メジャーリーグにはＩＴ系企業の社長がオーナーになっているチームがいくつかある。日本がそうなっても何も不思議じゃない。それでプロ野球が盛り上がれば万々歳じゃないか」とつづけたのです。

これには、それまで鼻息も荒く「認めないぞ」と連呼していた人も、それもそうだと友人の意見にうなずきました。

もし、ここで意見が真っ向から対立するかたちで議論がつづいていたら、こうもすんなりと決着はつかなかったことでしょう。というのも、人は真っ向から意見を対立するときほど反論を強め、逆にある程度、理解を示されると態度を軟化させて、違った意見にも耳を傾ける気になるものだからです。

ここで働いている心理メカニズムは、根本的には、「もっともだ」と言われると満足してしまうことと同種です。総じて言えば、人にとって大切なのは自分が尊重されている、敬意を払われている、評価されているという実感なのです。

開き直られると確信に疑念が生じる

幕末期の江戸幕府の要人、勝海舟に関するこんなエピソードがあります。

京都の四条通りを歩いているとき、覆面姿の侍が自分に短銃を向けていることに気づきました。勝は内心ギクリとしたもののすこしも慌てず、その侍を見据え、こう言って自分の胸をたたきました。

「おい、そこの旦那、そんなへっぴり腰じゃ、とてもおいらは撃てやしねぇぜ。まるで狙いがあさってのほうだ。的はここ、ここだよ」

この勝の強気な態度に、侍はすっかり気を飲まれて、その場から逃げ去ってしまいました。ここでもし、勝が逃げ腰になっていれば、侍は手に持った銃口を勝に向けたまま躊躇なくその引き金を引いたことでしょう。

人は、相手に予想外の態度を取られると、相手に対する優位性を保持できなくなり、思うようにことを運ぶことができなくなるという端的な例です。

このような例は、じつは、私たちの身近にもたくさんあります。

このところ世間を騒がせている「オレオレ詐欺」は、年配者などの社会的弱者をターゲットにした犯罪として、腹立たしい限りです。しかしこの「相手の動揺を誘って、自分の思うように話を展開する」という、人の心の動きを逆手にとった悪質なやり口も、電話を受ける側の対応一つで、被害を未然に防ぐことができます。

まず、相手の言うことを鵜呑みにせず疑ってかかること。そして次に、これは怪しいと思ったら、相手がどんなに「身内の窮状」を持ち出しても、開き直っていっさい取りあわないことです。

「この相手は引っかかる」という確信がない限り、電話口の犯人は話を優位に運ぶことができませんから、要求を引っ込めるしかないのです。

柔道の「返し技」は、相手の攻撃の力を逆手にとって逆襲をするものです。これと同じように、言葉や態度での「返し技」を使えば、逆に自分が優位に立つことができるのです。

人は相手の言動が、自分の予想した範囲のものであれば平常心でいられ、その後の展開を自分のペースに持っていくことができます。しかし、予想した範囲を超える言動を目の当たりにすると、それまでの確信が揺らぎ、不安に陥ってしまうものなのです。

■大げさな対応をされるとかえってひるんでしまう

以前、ある乳製品メーカーに、粉ミルクにハエが混入していたというクレームが持ち込まれたことがありました。

発見者は、人の、しかも生まれたばかりの赤ん坊の口に入る物に異物混入などとんでもない、メーカーの品質管理の不行き届きも甚だしいと、食品メーカーとしての自覚のなさに怒り心頭です。

ところが、勢い込んで製造会社に電話したまではよかったものの、クレーム係の対応に困惑してしまいました。受け付けた係の人間は、それはとんでもない事故だと、ことさらに大げさにこう言ったのです。

「ご迷惑をおかけして申し訳ございません。こちらの手落ちでハエが入っていたのだとすれば、工場の機械をすべてストップして、総点検をしなければなりません。一〇〇パーセント起こり得ないと信じていた事故が起こったのですから、徹底的に調べます。お手数ですが、ミルクの缶を開けたときの状況を詳しくお聞かせください」

すっかり苦情を持ち込んだときの勢いをそがれてしまい、係に聞かれるまま、ミルクを開けたときの状況を説明したといいます。

身内ならいざ知らず、私たちが他人に苦情を訴えるときは、よほど腹に据えかねる事情があるはずです。一度は目をつぶったが「やはり我慢がならない」という積もり積もった不満もあるでしょう。

こういった場合、腹の底には怒りの感情が渦巻いているものです。そんなとき、当の相手に謝罪する気持ちがなく、まったく意に介さなかったり、逆に責任転嫁をするような態度を取られれば、ぐうの音も出ないほどこらしめてやろうという気持ちになるものです。

ところが、逆に、地面に額をすりつけんばかりの低姿勢に出られると、抗議する側とされる側は形勢逆転し、抗議する側の最初の勢いはどこへやら、気がつけば「以後気をつけてくださいね」などと弱腰になって引き下がっていることがあります。

これは、「とっちめてやろう」と思っている相手の大げさな対応に、「こんなに反省しているのを責めるのは……」という遠慮や、「自分はそれほど意地悪な人間ではない」という抵抗感が生じるためです。人の心には、そういう「人のよいところ」が多分にあるのです。

自信たっぷりでも、話している相手に目をそらされると動揺する

新入社員にありがちな話に、次のようなものがあります。

彼が上司に企画書を提出するときのことです。綿密に練った企画に自信満々の彼は意気揚々と話し始め、彼のやる気を評価した上司も、はじめは熱心に彼の話に耳を傾けていました。しかし、五分もしないうちに、彼から視線をそらし、机の上のメモをチェックし始めたのです。

こうなると、彼は不安で堪りません。上司の反応を気にしながら「この企画ではダメだったかな?」「どこがいけないのかな?」とあれこれ詮索し始めます。そして次第に話はしどろもどろになり、結局、企画は通らない、といった具合です。

相手の視線や態度ばかりを気にするようになると、それまでの自分の自信や確信は不安へと変わり、焦りが生じます。こうなっては、どんなに優れた企画であっても、それを相手に納得させることは困難になってしまうのです。

先ほども「目は口ほどにものを言い」と言いましたが、どんなに口先や態度でうまく繕

っていても、思っていることは目にあらわれるものです。それだけに、人の視線というのはとても気になるものです。相手が気心の知れている人ならばともかく、そうでない相手であればなおさらでしょう。

私たちは人と話をするとき、ほとんどの場合相手の目を見ながら話しますが、それは「あなたの話に興味があります」「話をつづけてください」という、相手への同調のあらわれでもあります。

相手と目を合わせているあいだは、両者の関係は同格ですので、お互いに安心して話をつづけることができるわけです。

ところが、もし、一生懸命、熱を込めて話しているのに、相手が突然、目を背けたら、どう思うでしょうか。「この人、何を考えているんだろう?」とか、「私のこと、面白くない人だと思っているのかな?」と、あれこれと気をまわし始めるはずです。

こうなると、何を言うにも、何をするにも、相手の視線に左右されるようになるから不思議なものです。

相手からの手ごたえが感じられないと、人は、かくもたやすく自信を揺らがせてしまうものなのです。

■■語尾を繰り返されると、受け入れられている気分になる――◉

「最近、子どもの様子がおかしいんです」

「そうですか。おかしいんですか……」

「学校から帰ってきても部屋に閉じこもりっきりで、夕飯時になっても出てこないんです」

「閉じこもりっきりで……」

「学校の先生に聞いても心当たりはないとおっしゃるし、主人に相談しても子どものことはお前にまかせるというばかりで」

「あなたにまかせると……」

これは、子どものことで相談にきた母親とカウンセラーの会話の一部です。

お気づきのとおり、カウンセラーはつねに母親の言葉じりを反復しています。カウンセラーは、こうすれば話し手の母親が「この人は私を理解してくれている」と感じ、安心して話をつづけられるようになるのを経験上知っているのです。

このように、会話中の語尾を繰り返すことで相手に対する理解を示すことを、心理学的には「受容」と呼び、カウンセリング・スキルの一つとしてよく利用されています。「繰り返す」、あるいは「うなずく」「あいづちを打つ」という動作は、相手をリラックスさせる効果があり、ふつうに話しているだけでは聞くことのできない話を引き出すことができるのです。

人間関係が希薄になったと言われる昨今、人とどうやって付き合えばよいのか教えてくださいという相談が後を絶ちません。そういう人たちには、私は次のようなアドバイスをしています。

第一は、会話をするときには相手が「はい」「いいえ」で答えられるような質問ではなく、自分の言葉で答えられるような質問をすること。第二は、積極的に自分のことをアプローチするばかりでなく、相手の話にも耳を傾けるようにすることです。

そして、「話し上手は、聞き上手」と昔から言うように、聞き上手に徹していれば、次第に相手とのあいだに感じる「心の壁」も崩れていくはずだと付け加えるようにしています。

このように私がアドバイスするのも、人は、自分を受け入れてくれる人には心を開きますが、そうでない相手には心を閉ざしてしまうものだからなのです。

■同じ状態でも、先の見通しを示されるとたんに安心できる

数年前、私を含む数人の心理学者たちは、両国の花火大会の主催者に、波と押し寄せる人の波を効率よく動かすための提言を出したことがあります。毎年、押せや押せやの大騒ぎになっているのが、群集心理学的に見ても、ひじょうに危険だったからです。

その提言とは、「この橋で三分間はご覧になれます。次に永代橋のほうへ移動すると、さらに三分間花火見物ができます。押さないで、静かにお待ちください」というように、つねに移動先の状況を説明しながら、見物人を誘導するというものでした。

名づけて「納得戦法」。「待つ」ということに変わりはなくとも、先の見通しがあるのとないのとでは、待つときの気の持ちようが全然違うという人間心理の特性にヒントを得た提言でした。

群衆が「早く前へ」という衝動に駆られるのは、早く進まなければ花火を見損ねてしまうかもしれないという思いがあるからです。だから、「こうすれば花火が見られる」という先の見通しを示し、今の状態に納得できれば、むやみに先を急ぐことなく、安心して待

てるというわけです。

テーマパークなどで、各アトラクションに「待ち時間○分」といった看板が掲げられているのも、まさに同様の心理に配慮したものと言えます。どれだけ待てばいいのかわかれば、客のイライラは格段に減ることでしょう。そこで待つか、ほかのアトラクションに行くか、それは客自身が決めればいいことです。

また、近年の「限定品」「レア物」ブームで、「この店でしか手に入らない」「この時間を逃すと買えない」という店には、連日長蛇の行列ができる有様ですが、中には、並んでいる人の数を当たり、途中で列を切る店もあるといいます。これで並ぶ側も「列から切られなかったということは、大丈夫だ」と安心して待てるわけです。

このように、同じ「並ぶ」にしても、目的達成に不安を感じながら並ぶのと、その目的達成の見通しを示されるのとでは、こんなにも心証が違うのです。

直立二足歩行以来、脳を飛躍的に発達させた人類は、地球上で唯一、「先のことを考える」ことを学んだ動物です。そんな人間特有の性質が、先の見通しを示されたとたんに落ち着くことができるという心理メカニズムの不思議にもあらわれているといったら、少々大げさでしょうか。

第6章

お互いの〝相性〟とは別次元……人間の対人心理

人と人との間に生まれる心理メカニズム

■幼児体験を共有する人に親近感を覚える

人付き合いには、ウマの合う人とそうでない人があるのは仕方のないことです。では一般的に、どんな人と気が合ってうまくやっていけるのかを考えてみましょう。

人は、幼いころの体験によって人生観をかたちづくると言われています。精神がやわらかい幼児期には、豊かな感受性で何でも吸収しようとするために、思い出も色鮮やかではっきりと記憶に残ります。

そのため、まったく初対面の相手でも、幼いころによく似た経験をしたことがわかれば、すぐに打ち解けて話も弾むものなのです。

このように、同じ体験を共有する人には、不思議にも気を許してしまうという傾向が見られるようです。たとえば、同じテレビ番組に熱中したとか、野山で虫を追いかけたとか、あの先生にはよく怒られた、などの共通の体験がそれに当たります。

体験を共有することで安心につながり、友情や親近感が湧いてくるわけです。

幼なじみや小学校時代の友人が、何年経っても心通じる友であると感じられるのも、子ども時代をともに過ごした安心感からと言えるでしょう。

その親近感を利用して、商品の販売戦略に使う企業もあるほどです。あるアメリカのお菓子メーカーは、昔流行したアニメのキャラクターをコマーシャルに使って、販売成績を大幅に伸ばしました。この宣伝戦略が大成功を収めたのも、親世代が懐かしさのあまり手に取り、それが子どもにも影響して、キャラクターの勇気や力強さがよい方向にイメージされたからと考えられています。

日本でも、「親世代の郷愁と安心と親しみ」に狙いを定め、数十年前に流行したキャラクターを復活させて、販売に活かすという手がよく使われます。できるだけ多くの人の共感を得るために幼児体験を刺激し、商品イメージをアップすることを意識しているのです。

学校の給食を再現して出すレストランなども、そういう心理を突いていると言えるでしょう。いい大人が、教室を模した店内で、アルミのお皿からカレーやコッペパンなどをパクつくといいますから、幼児体験の影響力の強さには驚かされます。

そう考えれば、同郷の人や、幼いころに熱中したゲームが同じ者同士が、一気に打ち解けるのも、うなずける話です。

■接触時間が長い人より接触回数が多い人のほうが近しく感じられる──◉

人付き合いで、親密度が増すのはどういう場合かと考えたとき、「長い時間をともに過ごすと親しくなる」という人は多いと思います。それはもっともなことです。もちろん、一緒に長い時間を過ごせば、それなりに親しくなることが多いのは当然のことだと言えそうです。

しかし、接触する時間の長さと、接触する頻度の高さを比べてみると、じつは後者のほうが、ぐっと親近感が高まるのです。

つまり、人と人が親密になる上では、接触している時間の長さよりも回数だということです。

たとえば、友人と会う場合、一時間じっくり過ごすのと、同じ一時間でも十五分ずつ四回に分けて過ごすのとでは、後者のように時間を分散して回数を増やしたほうが、ずっと親密度が増すことが確認されています。仕事の会合でも、一度だけ長時間の打ち合わせをするよりも、何度かに分けて接触するほうが効率も良く、好感が持てる上、ずっと建設的な展開になるのです。

これは、「だらだらと時間を過ごすことによるマンネリ」というマイナス効果を取り除き、無意識のうちに、「間隔をあけた時間に相手のことをじっくり見直す機会ができる」というプラス効果を生んでいると考えられます。

よく似た例として、「勉強」や「学習」を考えてみてもいいでしょう。

長時間、机に向かって勉強しつづけることがかならずしもよいとは言えないというのは、誰でも実感したことがあるのではないでしょうか。学習理論での研究でも、「時間をあけて反復することで習熟度が増す」ことが立証されています。

つまり、総時間が同じならば、つづけて勉強するよりも、何度か間隔をあけて分散学習したほうが、効率はずっとよくなるということです。

こうした現象を、心理学では「反復効果」と呼んでいます。繰り返しが人の心理に与える効果を指す専門用語です。

「じゃあね」と言って、さっき別れたばかりのカップルが、すぐに携帯メールをやり取りするのも、意識はしていないかもしれませんが、とても効果的に二人のあいだを深める方法と言えるでしょう。

■共通の目的があると、仲が悪い人とも協力できる

古い映画だったと思いますが、積年の恨みからいがみ合う民族が、突然、襲撃してきた宇宙人と戦うために、一致団結するという物語がありました。これは、より強大な外敵に対しては、反発するもの同士も協力するという人の心の動きをみごとに描いており、昨今の世界情勢を考えれば、宇宙人を待ちわびる気にもなってしまいます。

そんな大それたケースでなくとも、人と人との相性とは不思議なもので、どうも気が合わず、何かとぶつかってしまう二人も、双方の気持ちの矛先がすこし変わるだけで、強固な協力関係に転じることがあります。

「あいつには負けられない」と社内でしのぎを削っている営業マン同士が、二人だけの争いに固執することをやめて、一致協力してライバル会社に対抗するというのは、いい例でしょう。ライバル会社という共通の「敵」を前にすると、お互いに対する競争心が協力に取って代わるわけです。

そして、その大きな力が部署全体の業績アップにつながり、ひいては会社に貢献できる

という好循環を生むことも、たまさかではありません。

古くは戦国時代を振り返っても、同じような例はたくさんあります。

たとえば、犬猿の仲と言われた薩摩藩と長州藩が同盟を結んだのは、「幕府」という共通の敵がいたからでした。

最近は、NHK大河ドラマ『新選組！』の影響で、佐幕派に肩入れする人も増えていることと思いますが、見方はともかくとして、薩長にとって幕府は倒さねばならない相手であり、それが共通目的だったからこそ同盟を結んだことはたしかです。

さらに遡って性格の違う織田信長と徳川家康が協力したのも、ともに天下統一という大目標に向かっていたからです。

二人のあいだには、さらに豊臣秀吉という渡世術に長けた個性派も揃って、みながみな、天下統一という大旗を掲げていたからこそ、世の流れが織田信長の側に向かったと言ってもいいでしょう。

このように、共通の敵や目的があれば、多少気が合わなくても仲が悪くても、競争意識や苦手意識を払拭するほどの大きな力になりうるのです。

■自分の親近者のことを持ち出されると、とたんに警戒心を解いてしまう――◉

初対面の人との出会いは、いかようにも色づけができるものです。印象をよくするか、逆に身構えさせてしまうかは、声の掛け方一つで決まるのかもしれません。

大物政治家は、講演や遊説先でかならず、心を込めた挨拶を聴衆の一人ひとりに連発します。「この地はよいところですね」に始まり、初対面の知らない人に対してでも、「お父さんはお元気ですか」「お孫さんはかわいいでしょう」と、その人に近しい人を褒めたりねぎらったりするといいます。

自分の家族や縁者のことを話題にされると、たとえ具体的に褒められたわけでなくても、なぜか警戒心を解いてしまうもののようです。テレビの司会者が出演者に向かって、「あなたのお母さんも苦労されたんですね」「お子さんはおいくつですか」と親しみを込めて呼びかけると、言われたほうは知り合いでもないのに、なぜか心なごむのも同じ原理です。

あるいは、相手が自分の知人を知っていて、その人を共通の知人として話に花が咲くとき、不思議と急に親しくなったような気になったということも、多くの人に共通した経験ではないでしょうか。

知り合いに、独身と見れば放っておけず、自称、結婚成就数は数十にものぼる、いわゆる「お見合いおばさん」がいます。彼女も、幸先のよさそうなカップルには、相手の家族のことを尋ねて親密度をアップさせるようにアドバイスするそうです。

お互いのことについて、さらに深く聞いていくのも一法ですが、あまり最初から根掘り葉掘り聞いても、せっかくの好印象が崩れてしまいかねません。そこで、相手に向けた同じような質問を、家族や友人に置き換えて尋ねてみると、案外、話が弾むことが多いようなのです。

このように、自分の知っている人の話題になると、初対面の相手とも旧知の間柄であるかのような一種の錯覚が起こって、同胞意識を持ってしまうわけです。

人間関係とは、たいていの場合、このようにちょっとした、あるいは偶然のきっかけの積み重ねで築かれていくわけですから、人との相性に明確で絶対的な基準などないのかもしれません。

逆に言えば、どんな人とも、きっかけ次第では仲よくなれるような柔軟さを、人の心は持ち合わせているということでしょう。

■プライバシーが垣間見えると、つい気を許してしまう

ふとしたきっかけで、仕事とはまったく関係のないプライベートのことをすこし打ち明けられたとたんに、それまであまり親しくしていなかった人と急激に親密になるということは、よくあります。

普段どおり、事務的な会話をしていたときに、ふと相手が「今日はいい天気、海日和だな」などと言い、そこから「海が好きなんですか」「こう見えてもサーフィンをやるんだ」などと、趣味の話に花が咲くといった具合です。

かならずしも自分の趣味と一致していなくても、あまり関係ありません。その人の意外な一面が見えたということに対する軽い興奮から、親しみが増すのです。

趣味の話以外にも、たとえば、家族のことや意外な失敗談などにも、同様の作用があります。

人によっては、「そんな家庭の問題や失敗談を仕事関係の人間に打ち明けるなんてバカげている」と思うこともあるのでしょうが、お互いのことをより深く理解したような気に

なって、沈滞ムードだった仕事の打ち合わせも、いつの間にかトントン拍子に進行することも多いのです。

プライバシーを明かされるというちょっとした優越感が、心の垣根をとっぱらって、お互いに心を開くきっかけになるということでしょう。

バリバリの仕事人間で大成功を収めている人でも、悩みがあり失敗もあり、他人に打ち明け話をすることもあるという人間的な側面を垣間見せられると、妙に安心して親しみを感じるものなのです。

友だち同士でも、ちょっとした私的な相談をされると、ぐっと仲が深まるものでしょう。すこし苦手な相手でも、「じつは……」などと相談ごとを持ちかけられたとたんに、一転して固い結束で結ばれた親友になることも少なくありません。

この場合は、相手のことを前より多く知ったということのほかに、誰の心にも少なからずある、いわば使命感のようなものも関係していると考えられます。

つまり、本来ならばあまり大っぴらにしないようなプライバシーを聞いたことで、「私を信頼して打ち明けてくれたのだ」と感じ、急に親しみを覚えて気を許すという傾向があるのです。

非凡揃いより平凡揃いのほうが強いのはなぜか

勉強でもスポーツでも、個人的な能力が高ければ高いほど望ましいのはいうまでもありません。しかし、チームプレーとなると、個々人の能力が高くても勝利に結びつかないことがあるものです。

一人ひとりの能力は、世界レベル並みの選手を揃えたサッカーチームが、思うように連携プレーを決められずに、平凡な選手のチームに負けてしまうというケースを見てみましょう。大物スターを揃えたチームは、平凡な能力でも結束したチームの前では、個々の力を発揮できないまま試合でズルズルと負けてしまうことがあります。

プロ野球でも、シーズン前の予想で「こんなに強い人ばかりを集めたのだから勝って当然」と優勝を確約されたように噂されながら、いざフタを開けてみると、なかなか勝利に結びつかないということが多々あります。

これは、心理学的に見れば、何も不思議なことではありません。というのも、一人ひとりの能力が高いと、お互いに「自分が他の人よりも上である」ことをアピールしようとして、チーム全体のことを考えるのは二の次になってしまいがちだからです。

　そうなると仲間に譲るべきところで譲れなくなってしまい、個人プレーが多くなってしまうのです。

　対して、同じような力の平凡な選手が集まったチームでは、一致団結なくしてはスター集団に勝てないことをよく知っていますから、助け合いと協力を怠りません。そこには、一〇〇パーセントの力を一二〇パーセントにまで高める作用が働くのです。

　非凡な能力を持つ人は、その力を誇示したいという隠れた願望とともに、競争意識が高いのがふつうです。個人の活躍が大事であり、チーム内の協調がなおざりになりがちです。

　そのため、潜在能力を最大限に発揮して総合力を高める「平凡チーム」にコロリとやられてしまうのです。

　つまり、非凡な者同士は、「ここが見せどころだ」とお互いに争ってしまいますが、平凡な者同士は、励まし合って勝利という目標だけを目指すから、強くなります。これが、非凡揃いのチームより、平凡の集まりのほうが、ときに強さを発揮するゆえんと言えるでしょう。スポーツに限らず、会社のプロジェクトチームや大学の研究班にも、同じことが言えます。

「類は友を呼ぶ」、ならぬ「友は類を求める」

「似た者同士は自然と寄り集まってくる」という意味で、「類は友を呼ぶ」という言葉があります。よい意味でも悪い意味でも使われるこの言葉は、人間心理を突いた「言い得て妙」の名言だと思います。

人は、自分とよく似た雰囲気の集団には、すすんで身をおき、抵抗なく溶け込んでしまうという傾向があります。

東京の渋谷に女子高生があふれているのは、彼女たちが自分たちと同じような服装で、同じような目的をもった大勢の仲間が集まってくることを知っているからです。だからこそ、人混みもいとわず、彼女たちは渋谷へ足を向けるのです。

似た者同士が集まると、価値観が同じで安心していられるという点から、居心地のよい集団になっているのでしょう。

反対に、銀座や新橋の界隈には中年男性の姿ばかりが目立ちます。女子高生は、そこが自分たちと同種の人間が集まる場所でないことをよく知っているのです。

この現象は、人は自分と同類の集団を探し当て、そこに引きつけられるという意味で「友は類を求める」とも言えるでしょう。友は類は求め、友は類を呼び……こうして似た者同士の大集団が形成されるわけです。

企業は、自社の宣伝にこの心理をよく利用します。

たとえば日用品のコマーシャルなら、視聴者は、自分とかけ離れたゴージャスな映像を見せつけられても興味を示しません。それよりも、どこにでもいそうな女性が、普段の生活で使っている商品の感想をさらりとこぼすほうが、素朴な印象はもちろん、リアルな親しみを感じるものです。

それが好感度アップにつながり、「私も使ってみようかな」という考えに結びつくことを狙って、企業はコマーシャルをつくるというわけです。

「うまくやっていくためには、友人やパートナーは似た者同士を選べばよい」

「似た者同士の集団にいれば、気の合う友が見つかる」

「友だちと楽しく過ごしていれば、自然と同じような人種が群れてくる」

人の心の特性に鑑みても、これらは、どれも真であると言えそうです。

信頼している人が認める人に対しては、いとも簡単に気を許す

人と人とのつながりは、組織的集団が大きくなればなるほど複雑になるものです。

組織としての機能を果たし、集団として緊密につながっているうちは、内部での小さないさかいやもめごとを吸収できるだけの素地があると言っていいでしょう。

しかし、しっかりまとまっていればいるほど、そこへ外部からの新参者が加わると、それを排斥しようとする者も現れます。

いい例が転校生です。まとまりあるクラスに、馴染みのない人物が入り込むことで、他の生徒は遠巻きに様子をうかがいつつ、異端者として「のけ者」にするかもしれません。

しかしながら、そこにはよい解決策があるのです。

人は、自分が信頼する人の意見にとても影響されるものですから、クラスを引っ張るリーダーが転校生を認めさえすれば、クラス全体が温かい空気になることでしょう。

クラスリーダーが不在なら、頼りになる先生でもかまいません。

みんなに慕われている先生から応援の一言があれば、クラスで孤立していた転校生でも、

すぐに周囲から気にかけてもらえるようになるでしょう。

人が誰かを信用するようになるまでには、それなりの付き合いを経ているわけですから、その信頼できる人物が太鼓判を押すというなら、いとも簡単に見知らぬ人を受け入れてしまうものなのです。

こんな例もあります。

長年、同じメンバーで和気あいあいとつづいていた小学校のＰＴＡ役員会のことです。

数名の児童の卒業を控えて、一部、新しい役員に改選を余儀なくされました。一応、新役員の候補者は挙がったものの、従来の役員たちから「せっかく仲よくやってきたのに、ほかの人と役員会をつづけるのはイヤ」という反対意見が出ました。

それならいっそ、全面的に改選して、まったく新しいメンバーで役員会をスタートしてはどうかという意見が、もっともらしく論議されました。

学校の運営に長く携わってきたメンバーが一挙に手を引くとあって、教職員から不安の声も聞こえましたが、その提案がそのまま可決しそうになったときのことです。

「新しい人を交えて、また一緒にやりましょうよ」

ＰＴＡ会長のその一言で、新旧メンバーの役員会がすんなりと発足したのだそうです。

■初対面の挨拶の仕方で、その後の心理的上下関係が決定する

人は、好むと好まざるとに関わらず、さまざまな上下関係の中で生きているものですが、ポストの差や年の差といった実際的な要素以外にも、ほんのささいなことで上下関係が決定してしまうことも、ままあります。

とくに、初対面のときの挨拶の仕方は、その後の関係に重大な影響をおよぼします。第一印象というのは、お互いに対して抱く最初の心証を決定づけるものであるだけでなく、双方のその後の上下関係を決定づけるものになる可能性も秘めているのです。

私がたまたま居合わせた、サラリーマン同士の初対面の挨拶を例に挙げてみましょう。

その状況は、スーツ姿で歳格好も同じくらいの二人の男性が、喫茶店の一角で名刺交換をして挨拶するという場面でした。

片方の男性は腰を折って深々とお辞儀し、相手の顔もしっかり見ずに目を伏せるような感じで、もう片方の男性は、軽く会釈して頭を下げたものの、相手をじっくり見て観察しているような印象でした。

しばらくすると、先の男性は終始かしこまって、「ハイ、ハイ」と返事を繰り返して話を合わせるような調子になり、後者の男性はゆったりとした姿勢で脚を組み、声も大きく話題を引っ張っていくような感じになっていったのです。

これは、心理学的にも説明のつくことです。相手の目をきちんと見て話すことは、警戒心をあらわすのと同時に、意識はしなくても相手に威圧感を与え、自分の存在をアピールするものです。

反対に、相手と目を合わせようとしないのは、後ろめたさや劣等感をあらわし、暗に服従の意思を示すものとされています。先に述べたように、これが、相手の話の途中に目をそらしたとなれば、まったく逆の意味になりますが、最初から相手と目を合わせないのは、やはり何らかの劣等感のあらわれと見ていいでしょう。

こうした心理を逆手に取り、あえて相手にぞんざいな態度を取る人もいるでしょうから、劣等感を露ほども抱いていない場合でも、お辞儀の仕方次第でその後の上下関係が決定してしまうこともあるかもしれないわけです。

なぜか相手のほうが優位に立っているというような、納得できない上下関係があるのなら、ひょっとしたら、最初の不用意な挨拶が一因となっているのかもしれません。

■電車の座席が埋まる順番の法則

これだけ非動物化してしまった人にも、多少の本能は残っているようで、一種の縄張り意識のようなものがあります。これ以上は触れられたくない事柄、一定の間隔以内に近づかれると不快感や不安にかられるような距離といったように、本能的に守りたい領域を、誰しも持っているものなのです。

これらを侵攻しないように気を配り合っているからこそ、社会の中で多くの人間が平穏に暮らしているのだと言えるでしょう。

基本的に、自分の周りに、ある程度の空間を残しておこうとするのが、人間の本能です。自分の周囲の侵されたくない空間のことを「ボディ・ゾーン」と呼びますが、電車の座席がどのように埋まっていくかを見てみると、その空間の存在がよくわかります。

始発駅からの電車で観察してみると、まず、長い座席の両端や真ん中から席が埋まっていきます。知り合いでもないかぎり、ガラガラにすいている電車内で、他人同士が隣り合って座ることはまずないでしょう。

端や真ん中の座席が埋まると、その後、ちょうど中間をとってポツポツと均等にスペースを空けながら座席が埋まっていきます。見知らぬ人間同士では、これがふつうなのです。この現象は、自分を守り、他人のボディ・ゾーンを尊重するという暗黙の了解の上に成り立っています。

それが満員電車になると、「プライバシー尊重」とか「侵されたくない空間」などと言ってはいられなくなり、ぎゅうぎゅう詰めに黙って耐えなければならなくなります。

この不快感は、身動きが取れない不自由さによるものだけではなく、心理的にも、自分が守りたい領域に侵入されているという嫌悪感なのです。

そうなると、「他人に自分の領域を侵されている」とは考えたくなくなり、まったくの他人であるのをいいことに、まるで「モノ」でもあるかのように無視してしまいます。あらぬ方向を向いて知らん顔で、苦情を訴えることもなく、黙って耐えるのみです。モノだと考えてしまえば、他人がべったりくっついてきても「仕方がない」と我慢できるだけの自己暗示が働き、納得せざるを得なくなります。

このように、考え、行動する人間であるかぎり、心の領域は無意識のうちに守られているということです。

第7章

同じものでも違って見える人間の比較心理

視点を変えると気持ちも変わる心理メカニズム

■同じものでも、時と場合によって価値が変わる

人の心理とはおかしなもので、同じ経験をしてもプラスに取るかマイナスに取るかは人それぞれです。同じものを手にしても、それに対する価値観は、一人ひとり人によって違うのは当然なのですが、自分の場合だけを振り返ってみても、時と場合によっては、同じものに対して違う感情を持つこともしばしばあります。

たとえば、ボーナス支給前に彼女を誘い、高級レストランで大枚はたいて食べたディナーは、とても価値あるものに思えたとしましょう。彼女も、彼が無理してご馳走してくれたことに感謝感激の様子です。

ところが、宝くじで大当たりしたあとに同じディナーを食べることを考えると、まったく魅力を感じないというような変化が起こります。

これは、対象物は同じでも、自分が置かれた状況や欲求の変化によって、価値観がすっかり変わってしまうためなのです。

それを知っていれば、部下を食事に誘うにしても、その心理を応用することができます。

給料日前なら、一杯のラーメンでも喜んでもらえそうですから、部下のフトコロ具合と状況次第で、たとえささやかなオゴリでも、感謝の気持ちに雲泥の差が出るというものです。

人の知覚は、内的欲求によってつねに変動し、選択され、吟味されていますから、昨日の夜考えた計画が、今朝、起きて考え直してみると、結局バカバカしいものだった、ということもあります。

こんな例もあります。

災害で大きな被害に遭った地区では、普段何気なく使っていた水や電気が断たれたことで、ものや人のありがたさが身にしみたそうです。「空腹時に食べたおにぎりの味があまりにもおいしくて驚いた」とか、「好き嫌いの多かった子どもが『豚汁大好き』に変わった」という話も耳にします。

こうした経験は、誰にでもあるものでしょう。

よく言えば柔軟、悪く言えばあやふや。いずれにせよ、それだけ人の価値観が、置かれた状況の変化や、内的な欲求が何かによって刻々と変動するというのは、人の心の本質的な習性なのです。

現状に不満があると、過去を美化する

人は、今現在が多忙であればあるほど、過去を振り返ることなく、がむしゃらに過ごしています。

今を生きることに輝いていれば、過去に想いを馳せることもないのです。

ところが、「現在」にちょっと立ち止まってしまった人、「現在」にすこし不満のある人、悩んでいる人などは、未来を悲観して、しばしば「過去の自分」を振り返ります。

過去に華やかな日々を過ごした人は、その時間を懐かしく思い出しがちです。数々の思い出に心を飛ばして「あのころはよかったなあ」と、満たされない心の慰めや癒しとするのです。

人の心には、現在が不遇であればあるほど、過去を振り返ることが多くなり、昔の思い出に浸って過去を美化する傾向があります。

たとえ、それほど恵まれた思い出でなくても、癒しのために過去を温めているうちに、当時の記憶よりももっと浄化されて「素晴らしい過去、遠いよき日々」に変わってしまう

のがふつうなのです。

過去を振り返るのは現状を脱皮したいという気持ちの裏返しですから、たとえば、パートナーの口から「昔はよかったのにねえ」という愚痴がこぼれたら、それは胸の底からの危険信号ということでしょう。

過去をステップにして、現在の自分を戒めようとか、さらに磨きをかけようという気持ちは大切ですが、過去に思いを馳せ、美化してしまうと前向きな思考ができなくなってしまうことが多いのです。

現在を生きることへの欲求不満から、心を幼年時代や青年時代に戻してしまって、引きこもったり心を閉ざしたり、ついには、未来のことや発展的なことを考えられないようになってしまう人もいることでしょう。

こうして、現在に納得を見出せないとつい過去を美化してとらえがちなのが、人の心というものですが、それは、あくまで錯覚でしかありません。そう自覚して、現在にささやかな幸せを見出すようにしていれば、それなりに満足してしまえる単純なところがあるのも、人の心の不可思議さと言えるでしょう。

■より大きな不幸の前には、自分の不幸がささいなことに思えてくる

「私は、なんて運がないんだろう」と思い悩む人は、意識するしないにかかわらず、「もっと不幸な人もいる。私なんかまだマシなほうだ」という比較を使って、自己防衛をすることがあります。

自分を納得させるためには、自分の不幸よりもさらに不幸を背負っている人のことを思って、現状に耐えているのです。

これは、くじけそうな心を奮い立たせる上でも、忍耐強い心を育てる上でも、誰もがよく使う効果的な方法です。より大きな不幸を想像することによって、今の自分の置かれた状況は「そこまで大変ではない。なんとかなる」と思えてくるから不思議です。

これは「対比効果」といって、心理学でも「より強いものに関心が向く。印象の弱いものはささいなものとして軽視される」とされています。

台風や地震といった災害につぎつぎと見舞われた二〇〇四年、日本列島は、あちこちで被災者の悲痛な声が聞かれました。しかし、相次ぐ被害にも、被災者の方々の気丈さは特

筆に値するほどだったそうです。

大地震の被災地への食糧補給が二日近くも遅れて、最初の食事を届けた役場の職員は、「みんなお腹を空かせて腹を立てているだろう。罵倒されても仕方ない。一生懸命謝ろう」と覚悟して避難所へ急ぎました。

すると、罵倒どころか、避難者から「ありがたい、こんなたいへんなときに助けていただいて」と感謝の言葉をかけられたそうです。

さらに、「こちらの地震もひどかったけれど、あちらの水害のほうはどうなっていますか」と、別の地域の被災状況を気にかける人まで大勢いたというのです。水害に遭った地域では、「私たちもたいへんだけれど、地震で家がつぶれた人も、とてもお気の毒です」と、お互いに気づかう様子がテレビでも放送されました。

他人の不幸と引き比べて自分の現状を肯定するのは、いやらしい心理だというのも一つの見方だと思います。しかし、「私だけが不幸だ」と思う気持ちからは何も生まれないということも、また事実です。

実際、そうすることでどこかに突破口を見出すものなのですから、それも人の心の不可思議さ、そして強さと思い、恩恵にあずかってもいいのではないでしょうか。

欠点を見据えると、かえって長所が見えてくる

あなたは「自分の欠点は何か」と問われたら、いくつか挙げることができるでしょうか。自分の欠点をやたらとあげつらうのは、人を後ろ向きにしてしまうので、あまり好ましいとは言えませんが、欠点を見据えると、かえって自分の長所が見えてくるということもあるのです。

「自分は欠点だらけだから」と劣等感にさいなまれている人は、ほんとうは具体的にどこが欠点なのかを明確に意識することを避けていることが多いものです。

こうして自分の欠点から目をそらしたまま、欠点のありかを明確にしようとする努力をしない限り、その裏側にあるかもしれない自分の長所に気づくこともできなくなってしまいます。

そういう意味で、悪いところがわからなければ、よいところも見えないのも当然の理と言えるでしょう。

欠点をひたすら気に病んでしまうことが多いのは、一つのことにとらわれるとどんどん

増幅させてしまうところが心にはあるからですが、同時に、人の心とは、その欠点と引き比べた上でどんな長所があるか考えられるものでもあります。

ですから、闇雲に欠点に落ち込むのではなく、「何が欠点なのか」と冷静に考えを深めてみることで、かえって長所がよく見えてきます。

要するに、欠点との比較の上で、「こういうところは悪いが、それに比べれば、こういうところはいい」と、自分のいい点を見つけ出すことで、意外な長所に気づけるということなのです。

短所を基準にして自分の長所を考えるというと、どこかしら自分に甘い点をつけることのような気がするかもしれませんが、それはそれでいいのかもしれません。

もちろん、そうすることで前進する意欲がそがれてしまったり、怠けて人に迷惑をかけるようでは考えものです。

でも、人は落ち込みやすい分だけ、立ち直ることも早いというふうに理解すれば、これも、絶妙なバランス感覚を持った人の心の、不思議な自己防衛機能と言っていいのではないでしょうか。

■クチコミ情報を人に伝えるときは、尾ヒレをつける

伝言ゲームというゲームがあります。ご存知のとおり、数人が横に並び、最初の人が伝えたことを次々と隣の人に言い伝えていくゲームです。

言われたことをそのまま伝えればいいのですから、さほど難しくないはずなのに、なぜか最後の人まで達するあいだに情報がすこしずつ歪曲され、最後には全然違うことが伝えられていることも、しばしばです。

だからゲームとして成り立つのでしょうが、人にはどうも、言われたことを自分の中で咀嚼し、理解して伝える段階で、情報をより大げさなものにしてしまう傾向があるようなのです。

心理学者のカール・メニンジャーが『人間の心理』の中で報告している実験は、口から口へ伝えられる情報がいかに変容されるか、端的に証明しています。キング夫人という女性の近況が、電話で伝えられる過程でどのように変化したかがよくわかる、たいへん興味深い実験結果です。

A夫人→B夫人「キング夫人はご病気かしら」
B夫人→C夫人「Aさんが心配なさっているわ」
C夫人→D夫人「重くなければいいけど……」
D夫人→E夫人「重病なんですって？」
E夫人→F夫人「もう、お亡くなりになったのかしら」

とまあ、キング夫人の身を案じ、「病気かしら」と心配したA夫人の言葉は、人に伝わるごとに誇大され、最後にはキング夫人はすっかり重病人になったばかりか、「亡くなったのかしら」という憶測まで呼んでしまったわけです。

このように、口で伝えられる情報はかたちに残らないだけに、歪曲して伝えられることが多いのです。

人から聞いたショッキングなニュースを人に伝えるとき、人は自分が受けたショックをもう一度呼び起こすために、聞いた情報に三重くらいの〝尾ヒレ〟をつけて話してしまうものなのでしょう。

■「逃した魚」より、「得た魚」を大きく見たがる

人の態度や行動には、すべて、価値観による選択や判断がともなっています。どうすればプラスになるか、どちらにすればうまくいくか、それには、価値観がしっかりしていないと、行動の選択には結びつきません。

それほど重要な価値観なのに、個人のそれは、客観的な指針をもった揺るぎないものではなく、じつはとてもあいまいなものなのです。物事に対する価値観は、心理的な要因で逆転したり歪められたり、ときにはさらに強化されたりと、つねに変化を見せるのです。

たとえば、どうしても欲しかったものが手に入らずに終わったとき、人は悔しい思いから「どうせ自分には似合わなかった」とか「今度はもっと違ういいものを探そう」というように、気持ちに理屈や説明をつけて、不満を合理的に解消しようとします。

そこでは、無意識のうちに「代償による納得」が成立することもあります。

「彼女は落とせなかったけれど、こっちの娘のほうがずっと自分に合っている」

「あの大学には不合格でよかった。こちらの大学にして正解だった」

こうして見ると、当初の価値観がすり替わって、違う対象が「価値あるもの」になっていることがわかります。こうして、人は、自分の心の中で折り合いをつけるための自衛本能として「逃した魚」をいつまでも追いかけることのないよう、合理的な理屈を見つけようとするのです。

それが、賢い「気持ちの昇華作用」となって、「得た魚」のほうを過大評価することでうまくいくようになっているわけです。失敗をいつまでもクヨクヨしたり、別れた恋人を諦められないで追いかけたりという惨事に至らずにすむのも、こうした自衛本能のおかげと言えるでしょう。

最近、ささいなことがきっかけで心を閉ざしてしまったり、片想いが高じてストーカー行為に走ってしまったりする人が増えたように感じます。

食べたくても食べられない高級果物店のブドウより、手軽に手に入るバナナを「おいしい」と思えるくらい、人間の思考は柔軟でたくましいものであるはずなのですが、そういう人間の自然な心の調整作用が、現代社会ではすこし狂ってきてしまっているのかもしれません。

■同じものでも、記憶に残るかどうかは刺激の独立性に左右される

修学旅行の定番といえば、京都・奈良をめぐるコースです。しかし、修学旅行で見て回った神社仏閣を鮮明に覚えているという人は、少ないのではないでしょうか。

現に、その時期に京都や奈良に行くと、方々で修学旅行生と思しき学生の団体に出くわしますが、みな一様に空虚な顔をして、つまらなそうにガイドの話を聞いていたり、神社仏閣とはまったく関係のない話題で盛り上がっていたりしているものです。

せっかく日本が世界に誇る文化遺産を前にしているというのに、もったいない話ですが、たった数日間で次々と似たようなお寺や神社に連れて行かれて興味を持てというほうが、酷なことなのかもしれません。

しかし、不思議なもので、修学旅行のときはつまらなくて仕方がなかったのに、後年、日本の文化遺産に興味を持ったり、神社仏閣そのものに対する関心が高まったりして改めて京都・奈良をめぐってみたら、そのあまりの素晴らしさに感激してしまったという話も、よく耳にします。

いうまでもなく、何の関心もなく見るのと、強い関心を持って見るのとでは、同じものでも違って見えるということですが、ここには、もう一つ無視できない心理学上の現象が関係しています。

それは、「痕跡理論」と呼ばれるものです。新しい情報が刺激として与えられた場合、脳のどこかにその刺激の痕跡が残り、あとで想起する際に役立ちますが、類似性のある刺激は、痕跡自体が重複しあい、全体としてぼんやりとしたものになってしまうために、判別して思い出すのに苦労するということです。

修学旅行で目にした神社仏閣がまったく記憶に残らないのも、同じような場所を数日間で一気にめぐったために、記憶が混合されてしまうからでしょう。

一方、後年になって改めて京都・奈良をめぐる場合は、修学旅行のような駆け足のスケジュールですべてを網羅するのではなく、ある程度目的を定めてから行くものではないでしょうか。だから痕跡も明確に残り、よけいに記憶に留まりやすいというわけです。

このように、同じものでも記憶に留まる場合と留まらない場合があるのは、関心の深さと同時に、刺激の独立性の問題でもあるということです。

■周囲に人がいると、善行ですら人目をはばかってしまう

あなたは、電車の中で隣の女性が痴漢被害に遭っていたら、声を出して助けてあげられるでしょうか。あるいは、学校で友だち同士がケンカしているのを見たら、止めに入ることができるでしょうか。また、公園のベンチで休憩中、見知らぬ子どもが危ない遊びをしているのを目にしたら、注意してやろうと腰を上げるでしょうか。

「声をかけるのはおせっかいだろうか」
「ほんとうに困っているかどうかもわからない」
「よけいなお世話かもしれない」

こんな心配が頭をもたげ、「やっぱり黙っていよう」という抑制が働いて、そのままやりすごしてしまった……ということはありませんか。

人は、「善いことだとわかっていても、人前では、なかなかそれを行動に移せない」という局面にしばしば遭遇します。これは、たとえ善い行為でも、人の目を意識するあまり、消極的になってしまうからだと考えられます。社会の中で生きる人間は、思いのほか、他

人の思惑に振り回され、世間体に縛られていると言えるのではないでしょうか。

良心をも飲み込んでしまう自意識が邪魔をして、無意識のうちに、自分が取るべき善い行動すらも起こせないという、見えないブレーキが働いてしまうのです。

一人でいるときには行動に規制のない人間でも、他人の目を感じると、とたんに判断に迷いが生じがちになります。

欧米人が自己の良心に基づいて行動を決めるのに対して、日本人は世間体を基準に行動する「恥の文化」を持つと批判されるのも、もっともなことです。目立つことは極力避けがちで、事なかれ主義の日本人は、善行といえども派手なパフォーマンスに感じてしまうのです。

白昼、堂々とクレーン車で金庫破りをするような大胆な泥棒が横行するのも、迷子やお年寄りなど、困っている人が見過ごされがちなのも、「何か変だ」「困っているみたいだ」と感じる人が周囲にいながら、見て見ぬふりをしてしまうことが多いからでしょう。

これが人の心の弱さというものなのかもしれませんが、ここはやはり、人目を気にせず行動に移すくらいの気概を持っていたいものです。

■個が薄れると気が大きくなって大胆になる

前項では、人目を気にして善い行ないですらはばかってしまうという話でしたが、それは、大勢の中で自分一人が際立つことを極度に恐れるためです。それとは別に、人の心には集団にまぎれて個が薄れると気が大きくなり、大胆になるという一面もありますが、これも結局は、集団にまみれるという意味で、根は同じと言えます。

人間は、一人のときは自分の頭でしっかり考えて行動を起こさなければなりませんが、いったん大勢の中にまぎれると、その場の雰囲気に飲まれて大多数の意見に流されてしまうことが多々あるのです。「一人の力にはあまり影響がない」「大多数に従っていれば間違いない」といった、個々の判断があいまいになってしまうような事態に陥るわけです。

この暗示は、しばしば政治にも利用されてきました。

ヒトラーは、演説のとき、大観衆を前にして声を張り上げ、聴衆にシュプレヒコール（スローガンの一斉唱和）を強要しました。大観衆の周りは親衛隊によって固められ、群衆の輪はじりじりと狭められたので、密集度が高くなるにつれて人々はだんだん熱くなり、みながみな「ハイル・ヒットラー」と叫び始めたというのです。

これは、「人の数が多くなり密度が増せば増すほど感情的になる。自己を見失って暗示にかかりやすくなる」という人間心理を突いた作戦です。

催眠商法と呼ばれる悪質な販売も、これに似ています。大勢の客を集めて安いものをどんどん売り、客に「欲しい、欲しい」と言わせ、最後には「これは素晴らしく値打ちのあるものですが、安くお譲りします」と高額な商品を売りつける詐欺です。この場合も、買い手は、すでに自分の頭で考えることなく、気が大きく大胆になっているわけです。

会社ぐるみで不正を働くときも、同じ心理が働いています。

「みんなやっているから」「上司がやれと言うから」「このくらいは当たり前だ」という意識が、一人ひとりの良心的判断を歪めてしまうのです。「群集心理に従うままになると、大胆になり、個人の判断はもはや影を潜めてしまう」ということを知っていれば、未然に防ぐことも可能とはいえ、なかなかそうできる自信がないという人も多いことでしょう。

これが人の心の弱さなのだと言ってしまえばそれまでですが、大勢に乗じることのないよう、つねにわが身を振り返り、普段から自戒しておきたいものです。

■流行には「みんなと一緒」と「人とは違う」が同居している

「二律背反」と言いますが、人の心の奥底にあるものの複雑さは、まさにそれを言い当てたものだと思います。

流行を追う現代人には、安心感を求めるがゆえに「大勢に従う人」と、他人との差別化を狙って「個性的な演出をはかる人」の二種類の人間が見られます。

ところが、一人の人間の中にも、この二極的な側面が混在しているのがふつうです。「みんなと同じでありたい」という視覚的・物質的な同一性を求めるのと相反して、「他人とは違うものを手に入れたい」という心情的・物質的な異質性をも求めているのです。

具体的な物質の欲求については、「同じものも欲しいし、違うものも欲しい」という複雑な二面性を内包しています。実際に、流行する商品をリサーチしてみると、この二極の欲求をうまく満たすものがヒットしていることが多いのです。

たとえば、電子ペットのはしりで、各店で連日、欠品騒ぎが生じるほどの爆発的ブームを呼んだ「たまごっち」は、「みんなが飼いたがる新しい電子ペット」である上に、「自分だけの育て方ができて、どんな成長を遂げるかわからない」という独自性も兼ね備えていたからこそ、受けたのです。その後、どんどんニューフェースを生み出して多様化し、飼育型のゲームやソフトを数多く市場に送るきっかけとなりました。

ほかにも、長くブームがつづき、今もゲームセンターにはかならずある「プリクラ」も、同様の原理でヒットしたと考えられます。

いまや女子高生だけでなく、小学生も大人もこぞって収集に余念がないのは、その背景に、「みんながたくさん集めている」という万人向けのコレクション性と、「フレームがバラエティ豊かだから、目新しいものを手に入れたい。友達に自慢したい」という個性強調願望があるからでしょう。

プリクラ機をつくるほうも、飽きられないようにフレームのバラエティを増やし、短期間でリニューアルしています。そのため、プリクラ前は若い女子学生などでつねににぎわっているというわけです。

このように、人は、同一性を求めると同時に、「人とは違う」という異質性を求めるものでもあるのです。

第8章

知らず知らず表にあらわれている人間の深層心理

日常生活で何気に体験している心理メカニズム

緊張から解き放たれたときが一番危険

最近は、編集者が作家先生の家に直参して原稿を押しいただくということはほとんどなくなったのでしょうが、ほんの数年前まではまだまだよく見られる光景でした。

そこで、編集者にありがちだったのが、その大切な原稿を電車やタクシーの中に置き忘れてしまうという失敗です。これは、そういう失敗をしでかす人が単におっちょこちょいだというだけでなく、心理的な作用も深く関係していることが多いのです。

編集者とは、つねに締め切りと原稿の進み具合の板ばさみになっているものです。しかも、創作にはインスピレーションが必要ですから、作家にしてみても「書け」と言われてすぐに書けるものではありません。

かくいう私にも、学術論文などを書く際に、どこか気分が乗らず、インスピレーションも湧かず、白紙の原稿用紙を前に何時間も過ごしてしまったという経験は、数え切れないほどあります。

書く側がそんな状態ですから、締め切り当日になっても一向に原稿が上がってこないということも、よくあります。当然、編集者は気をもみ、刻々と迫る締め切り時間を前に緊張はピークに達することでしょう。そうして、印刷所のデッドラインすれすれのギリギリセーフで原稿をもらったとなれば、緊張が一気に緩むのも当然です。

ここが、危ないところなのです。心理学の理論から言えば、人は緊張から解放されたときにもっとも物忘れをしやすいものだからです。

したがって、原稿を置き忘れるという編集者にあるまじき失敗では、「締め切りに間に合わないかもしれない」という緊張感が、「間に合った」という安心感に取って代わり、気が緩んでしまったということも、大きな一因となっていたと言っていいでしょう。

ほかにも、駅などの遺失物係に忘れ物を取りに来た乗客が、手続きの書類に記入した後、肝心な忘れ物を置いて帰ってしまったとか、お目当てのものをやっと探し当てたのに、レジでお金を払って当の品物を忘れてしまったといったことにも、緊張感が安心感に取って代わると緩みやすい人の心のメカニズムが見られます。

木登り名人が弟子の技を見ていて、地面近くなったところで「気をつけろよ」と声をかけたという有名な寓話が示すように、「ほっとしたときこそ危険」という教訓は、つねに胸に留めておきたいものです。

■悪い予感がほんとうになると、それで満足してしまう

私は子育て関係の本で、しばしば「叱ることを習慣化するのは好ましくない」というようなことを書きます。これは、心理学的な観点から子どもを効果的にしつける方法を考えた末に出た答えの一つです。

よく、子どもがいたずらや失敗をするたびにガミガミと同じ調子で叱る母親がいます。その根底には、おそらく「叱るときは叱る」という教育的な信念があるのでしょう。あるいは同じいたずらや同じ失敗に対して同じように叱らなければ、その行為はいけないのだという意識が育たないと信じ込んでいるのかもしれません。

しかし、不思議と——私から見れば当然とも言えるのですが——そういう母親ほど、「いくら叱ってもちっともよくならない」という相談を持ちかけてくるものなのです。そこで私は、「いくら叱ってもよくならないというのなら、叱るのをやめてみればいいのです」とアドバイスするわけです。

犬に餌をやるときに鈴を鳴らすようにしていると、次第に鈴の音を聞いただけでヨダレ

が出るようになることを証明した「パブロフの犬」の有名な実験があります。

これは、ある条件下で同じ刺激を与えていると、その刺激だけに対しても、ある条件に対するのと同じ反応を見せるようになるという「条件反射」の存在を明らかにしたものですが、習慣というものが脳に与える影響をよく示している実験とも言えるでしょう。

つまり、ある条件に対して同一の刺激がつねに与えられていると、その条件と刺激はセットとして頭の中に組み込まれ、習慣化されるということです。

ということは、あまりいつも叱ってばかりいると、子どもにとって、それは一つの習慣として頭に組み込まれると考えられるわけです。「いたずら、失敗イコール叱責」が一連の流れになっているのですから、もはや叱責は、単にその流れを完結させる一要素でしかありません。すると、「叱られた」という事実に、子どもは満足してしまうようになるのです。

これは子どもに限った話ではありません。

激しい叱責で有名な上司ほど、部下を鍛えられないというのはよくあることです。これも、失敗と上司の叱責が習慣として部下の頭に組み込まれているために、「叱られる！」という予感がほんとうになった時点で無意識のうちに自分を許し、次に生かすべき反省につながっていかないからなのです。

■同じものでも、それを包むものによって印象が変わる

アメリカの色彩心理学者、ルイス・チェスキンは、包装デザインのテストの一環として、一般の主婦たちを対象に三種類の異なったパッケージの洗剤を一定期間使ってもらい、その感想を聞くという実験を行ないました。

被験者たちは、三種類の違う種類の洗剤を使うと思い込んでいましたが、異なっているのはパッケージだけで、中身は同じ洗剤です。ところが、実験後のアンケートでは、ほとんどの主婦が、黄色い箱の洗剤は強すぎて洋服を傷める危険があると答えたのです。

ここから、洗剤のパッケージとしては、黄色は刺激の強いイメージがあり、好ましくないということがわかりました。そういう先入観で使っていたから、どれも洗いあがりは同じだったはずなのに、黄色のパッケージの洗剤で洗ったときだけ「強すぎる」と感じたのだろうということです。

パッケージの色に限らず、中身よりも外見のほうに気を取られ、根拠のない先入観を持って見てしまうことは、よくあるのではないでしょうか。

それほどよくない品でも、有名高級デパートの包装紙に包まれていれば、どことなく高級品に見えるものです。逆に、最高の品質のものでも、安い量販店の包装紙に包まれていれば、安物に見えてしまうことでしょう。よほど目が利く人でない限り、ある程度は外見に惑わされてしまうものなのです。

ブランドのロゴマークにも、同じことが言えるでしょう。ある小説に、有名私立女子校に通う貧しい少女が、同級生たちが身に着けている有名ブランドのソックスが買えず、よく似た色のソックスに、そのブランドのロゴを刺繍するという描写がありました。

周囲がそれを本物のロゴだと思えば、そのソックスは高級品です。しかし、単にロゴを真似た刺繍と知れれば、それはただの安物に成り下がるわけです。

さらに、ソックスを、その少女自身の「包装紙」と考えることもできます。つまり、ブランドソックスを着けている自分を演出することで、彼女は良家子女たちの仲間になった気分を味わおうとしたと読むこともできるわけです。しかし、結局はニセモノと見抜かれ、彼女はさらに嘲笑の的になってしまうという内容でした。

何か空恐ろしいような話ですが、人の心とは、外見から先入観を持ってしまいがちなものだからこそ、この小説の少女もリアリティを持って描かれているのでしょう。

■先に与えられた情報、第一印象ほど記憶に留まる

ここに、次のような四コママンガがあると想像してください。マンガの主人公はジム君という高校生の男の子です。

一コマ目には、友だちと楽しげに歩くジム君が描かれ、二コマ目には、道端で複数の友だちと立ち話をしているジム君が描かれています。ついで三コマ目には、友だちの前を通り過ぎて喫茶店に入るジム君、そして四コマ目には、喫茶店で一人お茶を飲むジム君が描かれています。

じつは、これはアメリカの心理学者G・A・ミラーが行なった心理テストなのです。この四コママンガを学生たちに見せ、ジム君にどんな印象を持つか尋ねたところ、ほとんどの学生が、ジム君を社交的な愛想がよく、積極的だと答えました。

ところが、別の学生たちに前半の二コマと後半の二コマを入れ替えて読ませると、今度は、ほとんどの学生が、ジム君は非社交的でどことなく冷たく、とても消極的な性格だと判断したのです。

たしかに、最初の順番の四コママンガからは、ジム君は基本的にいつも社交的で愛想がよいが、ときには一人で喫茶店でお茶を飲んだりすることもあるというような印象を抱きます。

一方、順番を並べ替えたほうのジム君に対しては印象がまったく逆転し、基本的にいつも非社交的で冷たいが、気を許している、限られた範囲の人とだけは楽しそうに過ごしているように見えます。

初対面のときは第一印象が大切だとよく言いますが、ジム君のマンガからも、それがあながち嘘ではないということがうかがわれます。

このように、人には先に与えられた情報ほど信じやすい傾向があります。これを、心理学では「首位効果」と呼んでいます。

私の経験でも、依頼された講演などの時間が変更になったのに、もとの時間のほうが頭にくっきり残っていたために思い出せず、問い合わせ直したことが何度もあります。単なる物忘れということもできますが、最初に言われた時間がいつまでも記憶に残っているという点で、これもある種の「首位効果」と言えるでしょう。

■異なった情報源から得たさまざまの情報の中では、最後のものを重視する――◉

たった今、先に与えられた情報ほど記憶に留まりやすいという話をしたばかりですが、それが異なった情報源からさまざまな情報を得た場合となると、またすこし違ってくるようです。

たとえば、最近話題のＤＶＤプレーヤーを買おうと思い、あれこれと情報を集め始めたとしましょう。インターネットで一般の消費者のあいだではどのメーカーのものが人気を集めているか調べたり、電気屋を回ってカタログを集めたりするうちに、あっという間に情報は蓄積されていきます。

しかし、最初のほうに集めた情報をいつまでも覚えているかといえば、そうとも言えないのではないでしょうか。たいていは適当なところで情報収集をやめ、一番あとのほうで得た情報を参考に何を買うか決めてしまうものだと思います。

いくらよりよい買い物をしたいと思っていても、情報が多すぎれば次第にわけがわからなくなってきてしまいます。すべての情報を最初から比較検討し直すには、たいへんな苦労を要することでしょう。だから、もっともあとのほうで得た情報に、決定が左右されやすくなるわけです。

こうした心の動きを、心理学では「親近効果」と呼びます。「異なった情報源からいろいろな情報を与えられると、そのうちの最後に与えられたものに、もっとも大きく左右される」という心理メカニズムを指します。

会議などでも、不思議と最後に出された意見ほど結論を左右しやすいものです。それが、だいたいの意見が出尽くして、その多様さに出席者が考えあぐねているときにポンと出されたのであればなおのこと、その案が採用される可能性は高くなります。

あまりあとのほうの情報にばかり左右され、重要な点を見過ごしてしまうようでは問題ですが、ある程度のいい加減さがなければ、何の決定も下せなくなってしまいます。

これが、何の苦労もなくすべての情報を計算して決定を下すコンピューターならば、そうはならないでしょう。人の頭が、あらゆる情報を理路整然と検証して判断できるほど完全ではないからこそ、「親近効果」のような心理メカニズムも生まれたのかもしれません。

■一見、客観的なデータに無意識のうちに主観を含ませてしまう

元来、日本人は数字に弱いと言われています。たとえば企画会議などで「市場調査の結果、首都圏七六・八パーセントの家庭で……」などと細かな数字を挙げられると、それだけで聞き手は「なるほど」と納得してしまいがちです。そして、その分、話の信頼性も高まり、企画案に対する評価も自然と高まるというわけです。

このように、数字を示されると頭から信頼してしまい、その数字がどのように使われているのかという検討を忘れてしまう傾向は、誰にでもあるのではないでしょうか。

しかし、『統計の魔術』という本もあるように、一見客観的な統計数字でも、数字を使う人の見方によって、いくらでも意味は変わってきます。

私がよく出すたとえ話に、「靴屋のセールスマン」にまつわる話があります。

靴の製造会社に勤める二人のセールスマンが、市場調査という任務を負ってある島に赴きました。その島は、文明から切り離された未開の土地で、行ってみると、住民はみな裸足で歩いています。

それを見た一人のセールスマンは、意気消沈して「この島はダメです。靴を履いている人が誰もいないのだから、とても商売になりません」と本社に報告しました。一方、もう一人のセールスマンの報告は、ひどく興奮した様子です。「これはたいへんな穴場を発見しました！　なんと靴を履いている人が誰もいないのです。ここで商売すれば市場独占状態になるに違いありません！」――彼はこのように報告したのでした。

これは、プラス思考かマイナス思考の違いをあらわす例であると同時に、「靴の着用率〇パーセント」という統計数字をとらえる主観の違いによって、結論もこれほど違ってくるということをあらわす話でもあると思います。

一方のセールスマンは、「〇パーセントの着用率」を「〇パーセントの可能性」と見ました。しかし、もう一方のセールスマンは、「〇パーセントの着用率」を「一〇〇パーセントの可能性」と見たわけです。

一見客観的な数字でも、人の口から発せられる場合は、かならず、多かれ少なかれ主観が含まれるものです。そして今のセールスマンの話のように、同じ数字がまったく違った意味になることも、たまさかではありません。

■待ち合わせは「六時ちょうど」より「六時五分」のほうが遅刻しない――◉

ドイツの詩人・作家であり、児童文学でも有名なエーリッヒ・ケストナーの『点子ちゃんとアントン』の主人公、点子ちゃんは、とてもユニークな少女です。ある日、点子ちゃんは、家庭教師と一緒にアントンの家に出かけます。

次の会話は、その道中に、二人のあいだで交わされたものです。

家庭教師「アントンの家はどこ？　覚えてきたの？」

点子ちゃん「アルチレリー通り、右側の五階」

家庭教師「何番地？」

点子ちゃん「一八〇割る五」

家庭教師「どうして、はじめから三六と言わないの？」

点子ちゃん「だって、そのほうが覚えやすいんだもの」

数字をそのまま覚えるより、計算式にしたほうが覚えやすい。いささか極端ですが、要するに点子ちゃんの記憶術は、計算式にして数字に特異性を帯びさせたほうが記憶に留まりやすいということであり、じつは心理学的に見ても理にかなっているのです。

たとえば、待ち合わせの時間を、「六時ちょうど」と言われるとつい遅刻してしまうものですが、「六時五分」と言われると、不思議と遅刻しないものです。

それは、「六時」というラウンドナンバーには、どこかあいまいさが漂っており、言われたほうも「ちょうど」というより、むしろ「それくらい」と無意識のうちにとらえがちだからでしょう。

ところが、それが「六時五分」となると、とたんにその数字が特別なもののように感じられ、絶対にその時間までに行かなければという緊張感が生まれるわけです。

この心理メカニズムはなかなか強力で、そこに着目して分刻みのスケジュールを組むよう社員を指導している会社まであるほどです。そうすることで緊張感が保たれ、それぞれが最大限の能力を発揮できることを狙っているのです。

数年前に、その会社の依頼で講演したことがありますが、そのときも、担当者の人に「先生のお話は、午後三時〇一分から三時五一分まででお願いします」と言われました。なんだか不思議な印象を抱いたものですが、そのおかげか、時間を超過することなく終わったように記憶しています。

■ある行為の最中に不快な刺激が与えられると、その行為自体に嫌悪感を抱く——◉

ロンドンにあるモーズレー病院の精神分析医、ハミルトン・ラッセルが、ヘビースモーカーに次のような実験をしたことがあります。

まず、とくに症状の重い一四人を一列に並ばせ、タバコを好き勝手に吸わせます。しかし、ある程度まで吸ってタバコが一定の短さに達したときに、全員に強い電気振動を与えるようにしました。

少々荒っぽい実験ですが、その効果はてきめんでした。一一回ほど同じことを繰り返した結果、一四人中、九人が、あれほど好きだったタバコをぷっつりとやめるという、驚くべき結果が出たのです。

これは、ある行為の最中に不快な刺激が与えられると、その行為から不快な刺激を連想するようになり、ついには行為そのものに嫌悪感を抱くようになるという心理メカニズムを利用した療法で、心理学では「嫌悪療法」と呼ばれています。

アルコール中毒患者、麻薬中毒患者などにも、同様の手法で治療が行なわれることが多いようです。

学校で子どもがいたずらをしたときに、その場で叱る教師と、あとで職員室に呼び出し、こんこんとお説教をする教師がいますが、今言ったような「嫌悪療法」にあらわれる心理メカニズムを考え合わせると、前者のほうが、格段に効果的と言えます。

その場の勢いで叱るより、あとから面と向かって、じっくり言って聞かせたほうが子どもも理解しやすいと思うかもしれませんが、過ぎてしまったことについて、あれこれ言われても、子どもにはピンときません。

それより、「現行犯逮捕」ではありませんが、その現場と叱責をセットにすれば、「いたずら」という行為から「叱責」という不快な刺激を連想するようになります。そうして、「いたずら」という行為自体を嫌うようにしていけばいいというわけです。

といっても、先ほど述べたように、それがあまりに度重なって習慣化してしまうと、かえって逆効果になるということは、改めて指摘しておきましょう。行為から不快な刺激を連想させるようにするのは効果的だけど、過度に習慣化すると逆効果……。このように、なかなか一筋縄ではいかないのが、人の心というものなのです。

■後ろめたいことをしたあとは、サービス過剰になる

後ろめたいことをすると、その罪悪感から、つい普段ならやらないようなサービスを提供してしまいがちです。これは、改めて指摘されるまでもなく、誰もが思い当たることではないでしょうか。サービスを上乗せする側になったことも、上乗せサービスを受ける側になったことも、両方あると思います。

しかし、どんなことに後ろめたさを感じるかとなると、これまた、なかなか一概には言えません。趣味の競馬やパチンコでちょっとした金額をスッてしまったとか、待ち合わせの時間に三時間も遅れてしまったとか、デートの約束が仕事で反故になってしまったなどは、すぐに思いつく、いわゆる〝後ろめたいこと〟と言えるでしょう。

しかし、さらに深く考えてみると、面白いことに、楽をしたあとや、遊んだあとにも、人は、ほのかな罪悪感を抱くものらしいのです。

ずいぶん前に、ある電機メーカーの依頼で皿洗い機に対する一般の主婦のイメージを調査したときに、圧倒的多数の主婦が「手間が省ける」と答えました。それはいいのですが、

私が興味深く思ったのは、「できた余暇を自由に過ごせる」といった答えが、ほとんど見受けられなかったということです。

この調査結果から、私は、家庭の主婦たちは家事の手抜き、つまり楽をすることに一種の罪悪感を抱いているのではないかと考えました。

そして、主婦が友だち同士の飲み会や旅行で家を空けると、翌日の食事がやたらと豪華だったり、夫の晩酌に快く付き合ったりといった行動に出ることが多いのも、そうした、ある種の罪悪感からくるものではないかと思ったのです。

もちろん、家庭の外でリフレッシュされたというのも関係していると思いますが、なぜか胸の中に「遊んでしまった」「楽をしてしまった」という罪悪感があり、その裏返しとして、サービスを上乗せしているようなのです。

しかし、考えてみれば、これは、誰にでも共通する心理でしょう。自分が楽をしたり、遊んだりしているのに、自分に近しい人が、たとえば遅くまで働いていたり、何か問題を抱えたりしているとなれば、誰でも多少なりとも罪悪感を抱くものではないでしょうか。

楽をする、遊ぶことにほのかな罪悪感を抱くことがあるのなら、それは親しい人を思いやっているということなのかもしれません。

■心の動きと手の動きの相関関係

前に、弱点を指摘されて自信が脅かされると、無意識のうちに顔を撫でさする、拭うといった、手を顔付近に持っていくしぐさが見られると言いました。これは、その人のいわば「看板」である顔をかばうことで、脅かされた自信をかばおうとしているということだと説明しましたが、心理状態が手の動きに出てしまうケースは、ほかにも数多くあります。

たとえば、しきりに手を頭にやっているときは、思考が活発に働いているときと考えられます。なんとかいい考えをひねりだし、まとめようとしているときなどに見られる動作と言っていいでしょう。無意識のうちに、頭を使って考えていることを周囲に向けて強調するという意味合いもあるのかもしれません。

横溝正史のミステリー小説としてあまりにも有名な『金田一耕助の事件簿』の主人公で、私立探偵の金田一耕助は、推理が煮詰まってくると、かならず頭をかきむしります。これも、思考が活発に働いているときに手が頭に行く好例と言えるでしょう。

さらに、頭が高速度で回転し始めると、手の動きも活発になるものです。頭をさすりつつ考えごとをしていて、まさにいま、新しいアイデアが出てこようとしたときには、そのテンポも頻度も増える、といった具合です。手の動きと思考の速度は正比例しているということです。

また、同じく思考をめぐらせているときでも、じっくりと腰を据えて考えているときは、頬杖をつくことが多いようです。思考の動きもそれほどめまぐるしくはなく、集中度も比較的弱い場合に見られるしぐさです。

また、これとは別に、誰かと議論しているときに拳で机をゴンゴンと叩いたり、指の骨をポキポキ言わせたりすることもありますが、これは、相手を威嚇しようとしている動作です。不思議とこういう動作をしているときは、頭のほうはそれほど活発に動いていないものなので、自分の思考に自信がないがゆえに飛び出すしぐさとも言えるでしょう。

さらに、人と話しているときに、「私」というたびに自分を指差すしぐさもありますが、これも、ある種、自信がないために無意識のうちに取られる動作と考えられます。いちいち自分を指差すことで自分の存在を確かめているのです。

手は人の体の中でもっとも活動的で〝身軽〟な部位だからこそ、心の動きも出やすいと言えるでしょう。

第9章

複雑かと思いきや意外と単純&お気楽心理

人が陥りやすい心理メカニズム

占いのあいまいな表現に自分を合わせ、「当たっている!」と思う

知人のお嬢さんが、高校の学園祭で、クラスで占いをやることになりました。彼女の班は、一冊の本でにわか勉強した、手相占いをして、なかなか好評だったといいます。

よくよく聞いてみると、六人の班員が知能線、生命線、運命線などと担当に分かれ、各自が生命線なら生命線について四～五つの手相パターンに対する回答を覚え、相手の手を見ながら、「近いかな」と思うパターンをもっともらしく答えるだけなのだそうです。

いかにもいい加減で乱暴な「にわか易者」ですが、不思議とほとんどの人が「当たっている」と感心して帰っていくので、彼女たちはますます自信を持って答え、真実味はさらに増したとのことでした。

にわか仕込みだったのに、どうして、来る人来る人、みな「当たっている!」と感心したのか。それは、こうした占いの性質と、人が占いに抱く期待を考え合わせれば当然とも言えることなのです。

たいていの場合、易者というのは具体的にものを言いません。たとえば「あなたは水に

縁がありますね」「何か、お困りのことがあるようだ」などと、ひじょうに暗示的なのです。一方、占いを受ける側も、そんなもの言いに対して「なんだ、あいまいじゃないか」「もっと具体的に言ってよ」などとリクエストすることは、ほとんどありません。

それは、占いとはミステリアスなものだからということもありますが、何よりも、占いを受ける人のほうに「当たってほしい」という隠れた願望があるものだからなのです。

夢を壊すようで申し訳ないのですが、「水に縁がありますね」という一言に、どれだけの人が当てはまることでしょう。魚屋さんから水瓶座生まれの人、海や川の近くで生まれた人から、スキューバダイビングやサーフィンを趣味とする人、はたまた水商売に携わる人まで、じつにいろいろなタイプの人にとって、「当たっている！」となるわけです。

高校生の「にわか易者」も、抽象的で含みのある言葉を使って解説したので、聞いた人は、その言葉を自分の体験や気持ちに当てはめて解釈して、「当たっている」と納得したのでしょう。

このように、人は、どうとも取れる漠然とした表現に接すると、自分自身の経験やそのときの心理状態をそこに投影して、解釈してしまう単純なものなのです。

直接的な呼びかけには、つい反応してしまう

心理学の中に、「文章心理学」という研究分野があります。小説などの文章を、統計的な手法を使って分析することによって、書き手の性格がいかに反映されているかを、見ていこうとするものです。

その文章心理学の理論によれば、人格語や人格文が多いほど、人の心を引きつけるといわれます。

人格語とは、「私」「あなた」「君」「お父さん」「お母さん」「佐藤さん」といった、人の名前や代名詞のことです。また、「……しましょう」「……ではありませんか」というように、呼びかけ、疑問文、会話文など、読み手に直接関わりを求める文体が、人格文です。

こうした言葉や表現は、書き手の人間性や心情をそのまま相手に感じさせ、親近感を与えて、読者の心にアピールしやすいのです。

その証拠に、幼児番組の歌のお姉さんが、

「テレビの前のみんな、元気かな」

と呼びかけると、無垢な子どもたちは、

「ハーイ！」

と元気に手を挙げます。

「そこのあなた」「おたくもぜひ」「今がチャンスですよ！」と、テレビショッピングに巧みに誘われると、思わず熱心に見入って、「あれ、いいわねえ」「買わなくちゃ」と、その気になってしまうものではありませんか。

「ちょっと、あなた」「そこの奥さん」などと呼びかけられると、たとえテレビやラジオでも、つい自分に向かって話しかけているように思えて、反射的に反応してしまうのが、人の心理というわけです。

そう考えると、演歌の歌詞にもやはり、「あなた、変わりはないですか」「おふくろさん」「おまえ」というように、呼びかけや人格語が多いことに気づきます。演歌が人の心を揺さぶるのは、聴く者の共有感や連帯感に訴える言葉だからでしょう。

逆に、ＮＨＫのテレビ番組が、堅くよそよそしく聞こえるのは、淡々と原稿を読み上げるだけで、視聴者に呼びかける表現が少ないからとも取れるわけです。

■ある一ヵ所を褒められると、全体を褒められた気になる

「透き通るように美しい肌だ」「澄んだ瞳が魅力的だ」などという殺し文句を聞かされて、嬉しくない女性はいないでしょう。

しかし、この言葉どおりに考えれば、体の一部分を褒めているに過ぎません。それなのに、あたかも全体を指して「美人」だと言われたように錯覚して、気をよくしてしまうことが多いのです。

男性だって、「素敵なスーツを着ているわね」と褒められれば、有頂天になるでしょう。まるで「男前」だとでも言われたような気になってしまうものです。

心理学では、これを「部分刺激」と「全体刺激」の原理と呼んでいます。つまり体の一部を褒められるという「部分刺激」を受けると、すべてを褒められる「全体刺激」を与えられたように受けとめてしまうのが、人の心理というわけです。

たとえば、「この包丁は切れ味抜群」という宣伝を聞くと、商品を評価するさまざまな属性のうち、一つだけを強調した「部分刺激」を受けているのに、それを「全体刺激」が

与えられたように感じ、よく切れて頑丈で安いというように、すべてがよいと判断してしまいがちです。

ヒットソングの歌詞だったら、「亜麻色の長い髪」や「君の瞳は一万ボルト」と聞いただけで、「美しい女性」のことを歌っていると誰もが決めつけてしまいます。

歴史上の英雄なら、軍事戦略に長けた名宰相というだけで、学識が高く剣術も秀でた好男子という理想像を思い描いてしまうものですし、白衣の天使・ナイチンゲールは、美人と決まっています。

また、反対に悪い評価においても、たとえば忠臣蔵の悪役・吉良上野介のように、領民の評判はよかったと聞いてもなお、意地の悪い悪徳大名を想像してしまうといった場合もあります。これも同じ原理から説明できるでしょう。

このように、人の心理とは、よきにつけ悪しきにつけ、部分的な評価をあたかも全体的な評価のように受けとめてしまうものなのです。

それが人に対する評価をかたちづくる元にもなると考えれば、人間関係に生じがちな誤解は、案外こんな単純な人間心理を知っているだけで、ぐっと減るものなのかもしれません。

■恐れていることを仮想体験すると、恐怖感が消える

心理療法では、カタルシス（浄化作用）と呼ばれる手法がよく使われます。恐怖や罪悪感、苦痛などの、抑圧されて表にあらわれない感情が、何かをきっかけとして解き放たれて、膿が洗い流されるように、心の傷が癒されたり、ストレスがやわらぐようになるというものです。

日常生活の中でも、私たちは、映画や芝居を観たり、読書などをして、自分の気持ちを代弁したりしてくれる登場人物に、自分自身を重ね合わせて、その物語の世界を擬似体験することで、カタルシスを得ていることがよくあります。

つまり、恋愛映画を観てドキドキしたり、スリラー小説を読んでハラハラして、抑えられていた感情をすっきりと解放させ、欲求不満やストレスを解消しているのです。

昨年は、韓国ドラマが人気を呼び、「韓流」旋風が巻き起こりました。女性がこういうドラマに夢中になるのも、現実にはなかなか味わえない純愛を、ドラマの登場人物を通して擬似体験し、満たされない感情を癒そうとしているからでしょう。

性心理学者として有名だった故・高橋鉄氏は、「初夜恐怖症」に悩む大勢の男女の治療に当たっていました。カウンセリングに訪れる患者に、氏は、このカタルシスの技法を用いていています。恐怖や不安を取り除くため、氏秘蔵の春画を見せて、「恐怖の初夜」を予備的に体験させてしまおうという手法です。

このように、恐ろしいと思っているものを擬似体験してしまうと、心の洗い流し作用によって、恐怖心が薄れてしまうものです。これから起こる出来事に不安や恐れを抱いている場合、その怖いものに似たもの、近いものを体験するといいわけです。

考えてみれば、こうした仮想体験で恐怖心を取り除くことは、案外、小さいころからだれでもよくやっていることです。

プールが怖くて入れない子どもには、洗面器の水に顔をつけて練習させたり、お風呂の湯船に潜らせたりするでしょう。受験生は、入学試験の前に模擬試験を受けて、本番の緊張や不安を軽くしようとします。

いずれも人の単純な心理メカニズムを利用し、心理学の原理にもかなっている、恐怖心解消法と言えるのです。

■やつあたりが気分をスッキリさせるわけ

「今日の部長は虫の居所が悪いらしい。近寄らないほうがいいぞ」、こんなひそひそ話が、職場でささやかれることがよくあるでしょう。前日の経営企画会議で、新製品の開発が競合相手に先を越されたと、本部長に散々とがめられて機嫌が悪く、周りの者をやたらと叱り飛ばしているといった具合です。

ライバル会社に遅れを取ったのは、部下のせいでも何でもないのに、上司にやり返せない怒りを、下の者にぶつけているのです。つまりは、「やつあたり」です。

あるいは、あなたの家庭では、こんなことはないでしょうか。

妻が「ねえ、あなた、聞いてよ。今日ね……」と切り出して、子どものケンカや成績の不振に頭が痛いとか、隣近所のお節介や中傷に腹が立つ等々、溜まりに溜まった不満を一気に夫にぶつけてしゃべり出す。逆に夫のほうが、取引先の理不尽な要求や、後輩の不遜な態度を嘆いて、妻に愚痴を聞いてもらう。

相手にストレートにぶつけられない怒りや不満を、遠慮のいらない身内にぶつけて、ストレスを解消しているというわけです。夫にとって妻、妻にとって夫が、そうした不満をぶつけられる格好の相手なのです。

このように、パートナーが外の不満を解消してくれるカウンセラーを、互いに務められれば、家庭はストレスを癒す場となって、円満に保たれるといえるかもしれません。反対に、怒りやイライラを家庭の中で解消できないと、別の方法で発散せざるを得なくなってくることでしょう。

不満を別の相手にぶつける「愚痴」や「やつあたり」を、心理学では「置き換え」と呼びます。憤りやストレスを本来の相手に向けられないので別の方向へ置き換えて、解消できるようにするわけです。

いわば現代人の「精神安定剤」というわけです。

やつあたりをするなんておとなげない、と知りつつも、もやもやが募ると、ついつい身近な人にぶつけてしまうのは、よくあることです。「やってしまった、まずい」と思う一方で、気分がスカッとする快感も味わっている。そこが人間の弱さ、人の心理というものでしょう。

■買った後ほど、その商品の風評や広告が気になる

あるものが欲しくてたまらず、ようやくお金の算段をつけて手に入れたものの、買ってしまってから、その品物に対する世間の評価が気になってしまうということがあります。

その商品に不満があるわけでも、買ってしまったことを後悔しているわけでもないのに、買った雑誌に同じ商品の広告が載っていれば熱心に見つめ、ネットで一般の消費者の評判が流れていると聞けば丹念に検索してしまうといった具合です。

ふつう、商品の広告というものは、買う前にどれにしようかと吟味するために見るもので、買ってしまったら、もう見ないはずです。

ところが、どうも人間というのは、そう理屈どおりには行動しないもののようなのです。

アメリカで行なわれたある調査によると、新車を買ったばかりの人のうち、七〇パーセントの人は、その車の広告が出ていると目を通し、そのうちの六五パーセントは、じっくりと読むという結果が出ました。

また、買わなかった自動車の広告を読む人は、割合がぐっと下がって、四〇パーセント

だというのです。

買ってしまったあとから、その商品の風評をやたらと気にするのは、この買い物は最良の選択だったたと、広告によって再確認しようという心理が働くからです。「ひょっとしたら、別の車のほうがよかったのではないか」「この買い物は失敗だったのではないか」という不安を打ち消したいのです。

逆に、買わなかった車の広告を見ようとしないのは、自分の選択の妥当性を否定されまいとして、避けていると考えられるでしょう。

つまり、買う前は、いろいろな広告を比較して見ますが、買ってしまったら、別の商品には目を背け、買った商品の宣伝だけを見て、「やっぱりいい」と確認して一人悦に入り、「これでよかったんだ」と安心したいというわけです。

いい大人が、買った車の広告を熱心に見つめ、一人ほくそえんでいる様子は、思い浮かべただけでも滑稽なものですが、そういう単純な心も人情というものでしょう。

■自分の欲求と現実が一致しないときは、強いて現実から目をそらそうとする――◉

絶対に逃がしたくない交渉に失敗してしまった。結婚まで考えていた相手に振られてしまった……。生きていれば、自分の欲求と現実が相容れないことはよくあります。原因がどこにあるかはともかくとして、そういうとき、人はとても不快な心理状態になり、この矛盾が解消されない限り、心理的葛藤がつづいて苦しみます。

このことをアメリカの心理学者、L・フェスティンガーは「不協和（dissonance）」と名づけ、人の心はつねにこの不協和を減らし、協和を獲得するように動機づけられているとしました。つまり、自分の欲求にそぐわない現実や受け入れたくない情報を、信じない、あるいは無視することによって、心のバランスを保とうとしているのです。

それが行き過ぎると、思いを寄せる相手が別の誰かを愛しているという現実から目をそらしてしつこくつきまとったり、失敗してばかりなのは自分の努力不足のせいだという現実を無視して態度を改めなかったりといった困った状況になるのでしょう。

でも逆に、自分の欲求とは異なる現実に目をつぶり、早めに心を切り替えられるということもあります。

今の例で言えば、失恋の痛手にいつまでもウジウジと悩んでいないで別の女性に目を向けるとか、失敗したことで必要以上に自分を責めずに「次の仕事ではがんばろう」と気持ちを入れ替えるといったところでしょうか。

ほかにも、心の支えとしている野球チームが負けてばかりでも「次は勝つさ」と思えたり、すこしくらい恋人と考え方に相違があっても「別の部分では気が合うから大丈夫」と考えられたりするのも、同様の心理メカニズムなのです。

悪く働けば無反省、よく働けばプラス思考とでも言いましょうか。

私たちが生きるこの現実は、すべてを受け入れるにはあまりにも厳しすぎます。ありのままの現実を直視していたら、デリケートな人の心はダメージを受けつづけてボロボロになり、あっという間にノイローゼに陥ってしまうことでしょう。

ですから、こうして「不協和」を減らして「協和」の状態をつくり出そうとする心理メカニズムも、ときに困った状況を生み出すとはいえ、人の心が持つ不思議な自己防衛機能の一つと言えるのです。

■感銘を受けたものに感情移入すると、立ち振る舞いまで変わってくる――◉

一昔前、菅原文太氏の仁侠映画を上映している映画館の出入り口を観察していると、かならずと言っていいほど見られる光景があったといいます。入るときはふつうなのに、出てくるときはなぜか、みな肩をいからせているというのです。

今では温和で人のいい役柄を演じることが多いので、知っている人はもう少なくなっているのかもしれませんが、菅原氏は、数十年前に東映の仁侠映画で一時代を築いた銀幕の大スターです。ちょうど戦後の復興期、義理と人情を信条に切った張ったの大勝負を繰り広げる演技で大人気を博しました。

そうした中で、当時、多くの若者が東映の仁侠映画を観に行っては肩をいからせて映画館をあとにしていたというわけです。そういう意味では、敗戦の痛手から立ち直らんと邁進する日本人の心を支えたお一人と言っても過言ではないのかもしれません。

こうした例に限らず、ロマンス映画を観たあとは、心なしかはかなげに振る舞っていたり、アクション映画を観たあとは、動作がどことなく機敏になっていたりといった覚えは、誰にでもあることと思います。感情移入した対象に無意識のうちに自分を投影させ、束の間でも立ち振る舞いまで変わってきてしまうのです。

物語の登場人物でなくとも、尊敬する人や憧れる人がいると、しぐさなどが自然とその人に似てきてしまうものではないでしょうか。空想力の強い人ほどこういう傾向は強いと考えられますが、多かれ少なかれ、誰にでもそういう傾向はあります。

心理学ではこうした心理メカニズムを「同一化」の現象と呼びます。人は感情移入した対象や尊敬する人の行動を、無意識のうちに模倣するという傾向があるということです。

しぐさや言葉づかいから、ものの考え方、さらにはちょっとした癖まで知らずに取り入れていることもしばしばです。私の知り合いなどは、ある歌手に入れあげるあまり、歌声のみならず、話し方や笑い方、表情のつくり方まで似てしまっていました。

要するに影響されやすいのだと言ってしまえばそれまでですが、人の心には、こうして憧れの対象に自分を投影させることで、いい夢を見るというロマンチックな一面もあるのです。

じつは流行するものの「語感」に反応している

アパレル業界大手のレナウンが発売した、抗菌防臭加工の靴下「通勤快足」は、爆発的なヒット商品です。じつは、この靴下は、その十年前から「フレッシュライフ」という名前で販売されていましたが、売上げはいま一つ伸びませんでした。それが、商品名を変えたとたん、それまでの一〇倍も売れるようになったといいます。

そう思って周囲を見回してみると、商品の中身や機能もさることながら、消費者の心を引きつけるのに、ネーミングがいかに大事かに気づきます。

「ウォークマン」「プッチンプリン」「写ルンです」「お～いお茶」「ｉモード」などのヒット商品・ロングセラー商品は、いずれもキラリと光るネーミングセンスが、売上げアップに貢献したに違いありません。

ヒットを生む商品には、時代のニーズを的確に読んだとか、他社に比べて品質が格段にいいといった理由が何かしらあるものですが、最後の決め手となるのは、単なる語感であることも多いのです。

こうした言葉の「語感」の持つ働きを、アメリカの意味論の大家S・I・ハヤカワ博士は、「言葉の催眠術」と名づけています。博士は、人は、話し言葉の内容を聞くだけでなく、言葉の響きを楽しむ事実があると指摘しています。言葉のリズムや音から受ける印象に、心を惹かれるものだというのです。中身ばかりでなく、語感も、話の重要な要素だということです。

今、子どもたちのあいだでは、『にほんごであそぼ』というテレビ番組が人気だそうです。日本の近代文学、古典、落語、詩歌、狂言などの中から、選りすぐった文章や言葉を番組で紹介すると、まだ片言しか話さない三歳、四歳の幼児から小学生まで、まさに「言葉の催眠術」にかかったように、嬉々として口真似し、そらんじるといいます。

「雨ニモマケズ　風ニモマケズ」「祇園精舎の鐘の声　諸行無常の響きあり」「知らざあ言って聞かせやしょう」などと、自然に覚えては口ずさむというのです。

子どもたちは、大半の意味はわからなくても、言葉のリズミカルな心地よさや美しい響きに、舌も気持ちもはずんでしまうのでしょう。要するにこれも、「語感」に敏感に反応していると見られるわけです。

人は、心にストレートに響く語感というものに、それほど弱いものなのです。

■自分がわからないことについては、専門家の言葉を鵜呑みにする

お昼の人気番組で、ブロッコリーが体にいいと聞くと、スーパーのブロッコリーは夕方には売り切れ、今度はきなこだというと、たちまち在庫切れとなります。健康をテーマにした番組で、疲労回復や老化防止に効くといって、黒酢や豆乳を取り上げると、昨今の健康志向も手伝って、瞬く間に日本中、これがブームになります。

専門の権威あるお医者さんが語っているとなれば、人はいかに素直に耳を傾けるかがよくわかる現象です。食物の細かい成分やその効用など、素人にはわかりませんから、専門家の知識にすっかり委ねてしまうのです。

このように、人は、自分の知らないことに対しては、その道の専門家の意見を疑いもなく信じ込むものです。

そんな人の心理を突いて、お客さんからの苦情を、うまくかわしてしまう手法もあります。専門的な助言で客を一種の暗示にかけてしまうトリックのようなもので、心理学では「威光暗示」と呼ばれています。

たとえば、靴屋でいちばん多い苦情は、左の靴がはきづらいというクレームだそうです。実際、左右の足の大きさやかたちが、一寸違わず同じ人などいないのですから、オーダーメイドの靴でない限り、難しいところなのでしょう。

こんな場合、店の主人が「ご承知でしょうが、大半の方は左の足がすこし大きいのでございますよ」と、威厳をもってなだめると、たいていの客は納得してしまうといいます。アルバイト風の店員が言ったのでは、客は引き下がらないでしょうが、靴の専門家から断言されると、なるほどと、思わずうなずいてしまうのです。

このように、人は、自分が確信を持てないことについては、専門家からこれが正しいと断言されると、その言葉を鵜呑みにしてしまう傾向が強いのです。

あなたが、よほどワインの知識と味に詳しくない限り、たとえ一本五〇〇円の安いワインでも、ソムリエにすすめられたら、おいしい高級ワインだと信じ込んでしまうことでしょう。反対に、ソムリエがわざとケチをつけたら、最高級品もまずく感じてしまうに違いありません。

知らないことについては、自分の舌や好みよりも、専門家の言葉を信じてしまう不可思議が、人の心理というわけです。

ことの「実態」より「イメージ」に弱い

新幹線や特急列車は、終点に到着するや、すぐに車内清掃が行なわれて、数分後にはまた折り返し出発します。空き缶や弁当の空箱を片づけ、座席の背もたれシートを取り替え、掃除をするのはどんな人たちか、ご存じでしょうか。

じつは、JR東日本では、若い女性がきびきびとこの業務をこなしています。人件費を抑えつつ明るいイメージを出すために、もっとも敬遠されがちな若い女性に担当してもらおうと、会社はある策を練って、みごと成功したのです。

その策とは、ユニフォームとネーミングです。車内清掃担当を「コメットクラブ」と名づけ、デパートのエレベーターガールかファミリーレストランのウェイトレスを思わせる、カラフルでかわいらしいジャケット、軽快なキュロットスカートに、お揃いの帽子を身に着けさせるのです。

JR西日本でも同様に、「アリスメイト」と呼ばれる女の人たちが、かわいいユニフォームを着て新幹線の車内清掃をしていますが、なかなか人気の職種だといいます。

実際、それまでは比較的年配中心の仕事だったのが、服装と名前によってイメージが一新したからでしょう、今では大半が若い女性だといいます。

ある宅配業者が急成長したのも、運転手を「セールスドライバー」と名づけて宣伝したことが、一役買っているのではないでしょうか。仕事の印象がよくなれば、働く人の職業に対するプライドも高まって、業績もアップするというわけです。

イメージは、それほど影響力のあるものということです。ほかにも、ためしにアルバイト情報誌を開けば、カタカナの職種ばかり目に入ります。清掃員はクリーンスタッフ、各戸向けのビラ配りはポスティングスタッフ、レストランの調理場で働くならキッチンスタッフ……。中には職種を見ただけではどんなことをするのかわからず、説明を読んで初めて「そういうことか」と納得するものも少なくありません。

職種をカタカナ名にしたほうが、なんとなく心象がよくて、求職者が増えるというわけでしょう。キッチンスタッフといったら、洗い場なのか調理の補助をするのか、仕事内容はつかめませんが、実態よりイメージが大事という人の心理を利用しているのです。

名前や服装が変わっても中身は変わらないのに、実態よりもイメージに弱い。複雑なようで意外と単純。人の心理とは、やはりどこか不可思議なものです。

「パンドラ」とはギリシャ神話で、神々が作った人類最初の女性の意です。そして「すべての神からの贈りもの」という意味もあります。

パンドラは地上に降り立つ際に神からひとつの箱を渡されました。これが「パンドラの箱」です。けっして開けてはならないと言い渡されていたにもかかわらず、パンドラはその箱を開けてしまったのです。箱の中からはこの世に存在する災いが飛び出し、パンドラは怖くなりすぐに箱を閉じたのですがすでに時遅し。しかしひとつだけ飛び出さなかったものがありました。それが「希望」だったのです。

日本文芸社「パンドラ新書」から読者のみなさんが新しい希望の光を見つけていただければ幸いです。どうぞお気づきの点がありましたら、ご意見をどしどしお寄せください。

日本文芸社書籍編集部

人を見抜く心理術

平成17年2月25日　第1刷発行

著者　多湖　輝
発行者　西沢宗治
印刷所　誠宏印刷株式会社
製本所　小泉製本株式会社

発行所　東京都千代田区神田神保町1－7　株式会社　日本文芸社

郵便番号　101-8407
振替口座　00180-1-73081
TEL 03(3294)8920［編集］
03(3294)8931［営業］

乱丁・落丁などの不良品がありましたら、小社製作部宛にお送りください。
送料小社負担にておとりかえいたします。
112050220-112050220 Ⓝ01
DTP　株式会社キャップス
（編集担当　大谷）
Printed in Japan

ISBN4-537-25261-8
URL.http://www.nihonbungeisha.co.jp